教你如何读名著

下册

张素凡 主编

中国书籍出版社

图书在版编目(CIP)数据

教你如何读名著：全三册 / 张素凡主编. -- 北京：中国书籍出版社, 2022.6
　ISBN 978-7-5068-9026-7

Ⅰ.①教… Ⅱ.①张… Ⅲ.①阅读课-初中-教学参考资料 Ⅳ.①G634.303

中国版本图书馆 CIP 数据核字(2022)第 085064 号

教你如何读名著（全三册）

张素凡　主编

责任编辑	李　新
装帧设计	书香力扬
责任印制	孙马飞　马　芝
出版发行	中国书籍出版社
地　　址	北京市丰台区三路居路 97 号（邮编：100073）
电　　话	(010)52257143（总编室）　(010)52257140（发行部）
电子邮箱	eo@chinabp.com.cn
经　　销	全国新华书店
印　　刷	成都兴怡包装装潢有限公司
开　　本	710 毫米×1000 毫米　1/16
字　　数	670 千字
印　　张	39.5
版　　次	2022 年 6 月第 1 版
印　　次	2022 年 6 月第 1 次印刷
书　　号	ISBN 978-7-5068-9026-7
定　　价	98.00 元（全三册）

版权所有　翻印必究

善读爱读有道引，"入书出书"自当成

浙江教学月刊社 陈永华

陈永华　浙江教学月刊社社长、总编辑

知识来得久，体验得深。
名著阅读是一次次的生命体验，
在体验中不断丰富人生，增长
智慧。

　　　　　　　　　金戈　2021年11月11日

金戈　浙江省特级教师、浙江省优秀教师、杭州市保俶塔申花实验学校校长这是多年实践的成果，编委们投注了大量的心血。相信对于开展整本书阅读和指导的师生们，总能有所助益！

阙银杏

阙银杏　浙江省特级教师、温州市初中语文教研员读经典名著，到高处呼吸。

陈秋莲

陈秋莲　温州市初中语文师训员

主　编：张素凡

编写人员(按姓氏音序排列)：

　　　　陈瑾慧　陈晓玲　褚淑贞　高炳洁　管雪琴　林晓慧

　　　　刘　燕　卢　娉　姚玲玲　曾海华　张伟妮　郑春芬

　　　　郑娟娟　朱静思

序言：第三种阅读

任　峻

一

从20世纪末开始，随着应试教育力度的不断加大，中学语文教育就越来越受到社会各界的诟病和关注。尤其是北大著名教授钱理群亲自进入南师大附中讲课的事件，以及十年后，他宣布自己的教学实验失败，并从此退出中学语文教育的事件，都在教育界引起轰动。当然，国内各界认识到中学语文教育中的弊病，并努力进行改进的人，远不止钱理群一个。教育部门，尤其是高校对于中学语文教育的关注和投入反而不断地在加强，从而带动了社会各界对中学教育的整体反思和探索。

中学语文教育中存在的最大问题，是应试教育导致的学生思维方式的僵化，尤其表现在作文方面写作的模式化。而导致这种模式化的重要原因是应试教育的标准化、功利化，很多中学语文教师对学生的阅读，尤其是课外阅读的不重视，进而导致学生知识面的狭窄和眼界的不开阔。这种过于功利的教学方式，实际上未必真正有利于学生学习成绩的提高，同时也不利于他们个人素养的提高和健全人格的形成。

有鉴于此，从前几年开始，在国家统编语文教材中已经加强了阅读课的设计，提倡将阅读往课外拓展，倡导1+X的群文阅读模式，增加了课外阅读的比重。曹文轩曾说："对于语文学科来说，课堂学习只不过是其中一部分，甚至不是最重要的一部分；语文学习的完成须有广泛而有深度的课外阅读做保证。"他还指出："阅读经典免去了我们生命的虚耗和损伤。我们可以通过对这些图书的阅读，让我们的生命得以充实和扩张。"

卡尔维诺在《为什么读经典》里说："经典作品是这样一些书，它们对读过并喜爱它们的人构成一种宝贵的经验；但是对那些保留这个机会，等到享受它们的最佳状态来临时才阅读它们的人，它们仍然是一种丰富的经验。"卡尔维诺所说的经典主要是指经典的文学作品，当然经典并不只是文学，但即便只是文学作品，它们所能提供给我们的也不只是文学的内容，其中可以包括历史、地理、人文、哲学等方方面面的内容，除了可以给读者提供丰富的知识，更重要的是，其中经常包含着这些卓越的作家们对于人类的现实世界、精神世界的人文关怀和终极关怀，是人类文化、文明精华的高层次呈现，是前人留给后人的"一种宝贵经验"。

钱理群在《我们需要怎样的中学语文教师》中说："人不仅仅是为了追求眼前的物质利益而活着，还应有一种超越于现象世界的追求。"而经典正是培养人的终极关怀、培养人的信仰和信念所不可或缺的宝贵经验。有了这些经验的滋养，人就会形成一个"精神的底子"，使他在长大后面对社会、人生的不完美时，不会陷入虚无主义，而是会在痛苦的思考和怀疑之后，最终成为一个成熟的人。阅读经典的另一个任务是培养学生对语言的敏感，也就是培养学生欣赏语言的美能力，和对语言的驾驭能力。这也是对人的心灵的一种训练。而在这一过程中语文教师的责任："一是培养学生读书的兴趣；二是教给学生好的读书方法；三是养成读书的习惯。"

二

《教你如何读名著》显然是一本具体落实以上经典阅读理念的书。张素凡老师在前言里是这么说的："本书以初中统编教材推荐的导读与自主阅读作品为主，拓展延伸部分名著，聚焦整本书阅读的方法策略，进行导读设计，目的就是要教会学生阅读，养成阅读习惯，把阅读视为学习生活的一部分，并在阅读中培养思辨能力，激发积极的情感，获得内心成长的能量，从而提高人文素养，树立正确的'三观'，促进终身发展。"

这部书一共选收44部作品，选文广泛而经典，古今中外皆有，各种文体兼具，大多作品兼顾故事性、趣味性、人文性和可读性。如《哈利·波特与死亡圣器》《老人与海》《海底两万里》《昆虫记》等，很能挑起中学生的阅读兴趣；《人类群星闪耀时》《傅雷家书》《给青年的十二封信》《红星照耀中国》等，字里行间闪烁着人文的情怀、人性的光辉和人生的感悟。此外，像《世说新语》《苏菲的世界》《我是猫》等作品，和课内教材相比，阅读难度略有提高，具有一定的挑战性。

在具体的结构安排、导读攻略、课型设计，以及目的、要求的设置等方面，前言里已经说得很详细，总体看来都相当严谨，此不赘述。这里想约略说一下以下几点感受：一是各篇导读对作品的特点抓得比较准确。因为授课的对象是初中生，对于初中生而言，面对一整本的书，尤其是一部长篇巨著，要求他们面面俱到地去掌握，显然不现实，关键是要让他们把握作品的大致脉络和要点。比如《世说新语》，上、下两部共36章，单"赏誉"部分就有156篇，要求教师全部讲解，学生全部掌握不大可能。所以该部分的导读设计是"找出一些需重点掌握的关键信息，比如：魏晋风度、简略的叙事风格、语言、笔记小说，从而在阅读时有目的地做好圈点勾画和笔记、批注等等"。而在具体的范例中，教师抓住了魏晋时期人们对美（男子的美和女性的美）的重视和魏晋风度，并分别以谢道韫、嵇康为例进行分析，我认为是抓住了要点。因为重要的是渔，而不是鱼。二是在每一个篇章里，阅读方法都得到了普遍的重视。速读、跳读、精读、边读边批注，不同文学作品的比较阅读，文学作品与影视作品、漫画等的比较阅读，思想内涵解析，人物形象对比分析，环境描写、场景细节描写赏析，精彩段落、语句赏析，故事复述、自由交流等，不一而足。总体上遵循由浅及深、循序渐进的原则，对提升学生的阅读能力是有好处的。三是除了对对象作品的深入解读之外，老师们也经常会由此及彼地对学生进行阅读面的拓展，比如由《猎人笔记》到格里戈罗维奇的《苦命人》和托尔斯泰的《一个地主的早晨》，由《三国演义》到施耐庵的《水浒传》和易中天的《品三国》，从《镜花缘》到《格列佛游记》《红楼梦》，从《儒林外史》到《围城》等的延伸阅读，有利于拓展学生的阅读面。四是其中不少老师都对阅读难度和标准答案有所警惕。比如："《世说新语》的阅读难度也是很明显的，因为它是一部文言文笔记小说集。这对于文言积累还很薄弱的初中生来说，是相当难啃的。"比如："每个人的心中都有一个属于自己的哈利·波特，哈利是谁？"因为对初中生来说阅读难度和是否能自由发表看法，是影响他们阅读兴趣的两个相当关键的因素。

三

卡尔维诺说："一部经典作品是一本永不会耗尽它要向读者说的一切东西的书。"因为一部优秀文学作品的内涵经常是多层次的、多义的、模糊的，有些甚至是无法言传的，常读常新的。我们不必要求一个初中生一次就将一部经典名著读懂、读透，以他们的学养、经历，这也是很难完成的任务，所以我觉得对于初中生来说，教师需要对他们的阅读进行适当的引导，但不要强求深度和难度。尤其是在课外阅读中，更应该尊重他们的个人爱好、偏好和兴趣，让他们自己去选择阅读什么，适当减少阅读的功利性。正如《为什么读经典》的译者陆元昶说："但我努力节省出尽可能多的时间，用于毫无功利的阅读，用于我喜爱的作家，他们富于诗的本质，这是我所相信的真正食物。"在我看来，本书是课堂阅读与无功利阅读之外的第三种阅读。对于学生来说，它是必要的。

2021 年 11 月　于杭州

（任峻　国家一级作家、浙江省文联传媒中心总编、《品味》杂志社和《浙江诗人》总编）

前 言

立身以立学为先，立学以读书为本。

阅读是人类获取知识的重要途径，是提高人文素养，健全人格的重要渠道，是人们受益一生的学习习惯。在大力倡导全民阅读的今天，激发阅读兴趣，掌握阅读方法显得尤为重要。

就学校而言，让每个学生都爱读书、会读书是基本要求，也是第一要务。《义务教育语文课程标准》明确要求学生要"学会制订自己的阅读计划……每学年阅读两三部名著"，教师"要重视培养学生广泛的阅读兴趣……提倡少做题，多读书，好读书，读好书，读整本的书"，还强调要"加强对课外阅读的指导……创造展示与交流的机会，营造人人爱读书的良好氛围"。现行全国统编语文教材"教读""自读""课外阅读"三位一体，引进许多原典、名篇、时文等，旨在引领学生亲近经典，爱上阅读，促进生命成长。

然而，不少学生缺乏自觉阅读的意识和兴趣，阅读面狭窄，阅读能力不强，经典阅读得不到有力有效的落实，恰恰是目前很多学校面临的一个十分普遍的问题。

那么，如何解决问题、弥补缺陷？我们集教师集体之智慧，汲取在教学研讨和实践中积累的宝贵经验，编写了《教你如何读名著》。

本书以初中统编教材推荐的导读与自主阅读作品为主，拓展延伸部分名著，聚焦整本书阅读的方法策略，进行导读设计，目的就是要教会学生阅读，养成阅读习惯，把阅读视为学习生活的一部分，并在阅读中培养思辨能力，激发积极的情感，获得内心成长的能量，从而提高人文素养，树立正确的"三观"，促进终身发展。

本书突出了以下特色：

1. 全面构建导读体系

（1）结构的编排

本套书共三册，每册包含上、下两卷，采用"课内课外沟通，年段分册合成"的结构方式。每部作品的导读聚焦读书方法，至少呈现作品介绍、实施要求、导读攻略、教学设计等指导内容，其中教学设计又根据温州市初中教学新常规（语文）的要求分成名著导读课、名著研读课、阅读交流课三种课型。

（2）三种课型的设计

温州市初中语文新常规指出，名著导读课的目的在于激发阅读兴趣、感受名著魅力、提示阅读方法，以利于学生更好地进行阅读；名著研读课，是在学生阅读的已有基础之上，教师引导学生对名著做进一步的发现和理解，读到原先未读到之处，解开原先未解开之惑；阅读交流课，则让学生通过阅读心得和成果的分享，深入了解名著，相互丰富阅读体悟，本套书正是践行了新常规的这一理念。

2. 多方位地指导阅读

作为全民阅读的导读参考类书籍，本书尤其适合初中阶段的师生使用。首先，我们按照学生的阅读心理和接受能力进行编写。简要的作品介绍，为要激起学生的阅读期待。导读攻略给学生提供了阅读的脚手架，其中的阅读安排与任务，更是提示阅读路径和序列，让学生在阅读时收获阅读技巧，懂得如何与文本和作者进行对话，对作品中丰满的形象、丰富的情感、深刻的意蕴以及遣词造句等进行欣赏和思考。其次，实施要求和三种课型的设计，是编写者对作品的理解、思考和导读处理，为更多教师提供阅读指导的范例和参考，以期更好地帮助学生灵活运用鉴赏、比较、评价、探究等方法，充分感知文本，获得阅读体验，形成阅读能力，提高文学素养。

3. 导读重过程易操作

如何"导"与怎样"读"，是本书的重点。"导"的过程凸显任务驱动、情境设置和方法引领，其导学单的使用，让学生从"书本世界"回归到"生活世界"，在生活经验或经历中发现问题，把对知识习得的过程与处理各种关系的过程结合起来。"读"的过程侧重策略运用、自主实践和合作探究，其"活动"的实质就是学生学习的基本途径。导读设计基于学生已有知识积累和实际认知水平，"导"的内容基本上可以"现炒现卖"，掌握了就可以应用到"读"中去。

本书的出版，得益于温州市洞头区"书香温州 全民阅读"领导小组、中共温州市洞头区委宣传部、洞头区教育局的鼎力支持，在此谨表衷心的感谢！

国家一级作家、浙江省文联传媒中心总编、《品味》杂志社和《浙江诗人》总编任峻为本书写序,浙江省书法家协会副主席、秘书长何涤非为本书封面题字。浙江教学月刊社社长、总编辑陈永华,浙江省特级教师、浙江省优秀教师、杭州市保俶塔申花实验学校校长金戈,浙江省特级教师、温州市初中语文教研员阙银杏,温州市初中语文师训员陈秋莲为本书题词。在此一并表示感谢!

  由于是导读书籍,需要研究、实践和探讨的地方有很多,再加上我们水平有限,难免存在欠妥和不足之处,恳请使用者批评指正。

沈耀风
2021年7月

目录

上卷

艾青诗选	管雪琴	002
泰戈尔诗选	陈晓玲	013
唐诗三百首	张伟妮	026
水浒传	刘 燕	037
世说新语	林晓慧	056
聊斋志异	卢 娉	071
三国演义	曾海华	089

下卷

儒林外史	郑春芬	100
简·爱	陈瑾慧	114
围城	姚玲玲	123
格列佛游记	郑娟娟	140
我是猫	高炳洁	157
契诃夫短篇小说	朱静思	171

上卷

《艾青诗选》　管雪琴

《泰戈尔诗选》　陈晓玲

《唐诗三百首》　张伟妮

《水浒传》　刘　燕

《世说新语》　林晓慧

《聊斋志异》　卢　娉

《三国演义》　曾海华

教你如何读名著·下册

艾青诗选

——艾青

一、作品介绍

在中国新诗发展史上,艾青是继郭沫若、闻一多等人之后又一位推动一代诗风并产生过重要影响的诗人,在世界上也享有盛誉。1933年第一次用"艾青"的笔名发表长诗《大堰河——我的保姆》,感情诚挚,诗风清新,轰动诗坛。以后陆续出版诗集《大堰河》(1939)、《火把》(1941)、《向太阳》(1947)等,笔触雄浑,感情强烈,意象分明。艾青的诗歌从风格上看:抗战期,以深沉、激越、奔放的笔触诅咒黑暗,讴歌光明;"归来"期,一如既往地歌颂人民,礼赞光明,思考人生,内容更为广泛,思想更为浑厚,情感更为深沉,手法更为多样,艺术更为圆熟。

二、实施要求

(一)【把握事项】

1. 阅读诗歌的意义渗透

阅读诗歌、体味诗歌,对于提升人生的质量、丰富人生的内涵,无疑具有不可言喻的意义。一个人在其一生中,阅读若干首优秀的诗歌,不仅可以拓宽自己的阅读视野,而且还能获得某种深刻的人生启示和积极的人生借鉴。优秀的诗歌,沉淀着人类灵魂深处承载的苦难与欢乐、幻灭与梦想、挫折与成功,折射着人类精神结构中永恒的尊严和美丽,所以说诗歌是文学宝库中的瑰宝,是语言的精华,是思想的花朵,是人类最纯粹的精神家园,给人们以思想上和艺术上的双重享受和熏陶。

2. 联想想象,品味诗意

想象是诗歌飞翔的翅膀,想象力是诗歌创作的重要能力。欣赏诗歌当然也是运用想象的再创造。因此我们在解读现代诗歌时,就不能拘泥于某一瞬间,也不能局限于特定空间,而要对意象展开联想想象,让思维到情感的海洋去打捞灵感,通过想象去把握诗歌的意象,并且丰富地再现诗人创造的形象。

那些含蓄的诗歌讲究的是曲折回环，不把想说的全部说出来，而是借助于意象表现出来，让人回味，需要我们展开联想想象，品味诗意。

3. 抓住意象，整体把握

现代诗歌离不开意象，所以，品味现代诗歌总是从感受意象开始的。意象即为融入诗人主观情感的客观物象，它是诗歌艺术构思的形象元件，诗歌的意义就是由若干意象的内蕴组成的。因此必须要抓住作品的意象以及意象所包含的旨趣。

抓住这些意象，通过对诗中物象的分析，可以正确把握作者的写作意图，也可以正确解读诗歌。如艾青的《礁石》，我们就须抓住诗人所咏之物——礁石。作者把坚硬的礁石放到一波又一波的浪中，但礁石依然含着微笑看着海洋。由此我们可以整体感知到诗中的礁石已不是一种简单的物，它已蕴涵了作者的情和志，象征了中华民族不畏强暴、不屈不挠的斗争精神。抓住了礁石这一意象，我们就可以体会出本诗所表现的坚定不移、顽强不屈的反抗精神。

（二）【实施步骤】

教学阶段	任务	教学任务	教学重难点
一	导读教学	1. 介绍作者及作品，渗透诗人的爱国者形象 2. 指导学生快速浏览方法，阅读《艾青诗选》	指导学生阅读《艾青诗选》，了解诗歌内容，把握诗歌的思想感情
二	研读教学	1. 指导理解诗句的方法 2. 示例赏析《艾青诗选》中诗歌的意象和语言，进行专题探究 3. 总结理解现代诗歌的方法	品味诗歌中特殊时代的特殊意象
三	交流展示	1. 渗透朗诵要精心准备设计、用心抒发自己所感所悟的理念 2. 指导朗诵的方法，对昨天的朗诵准备工作进行点拨指导 3. 进行朗诵展示点评交流	朗诵脚本设计 正确饱满的朗诵

三、导读攻略

【阅读安排】

阅读阶段	课前任务	阅读时间安排	课堂阅读任务	阅读要求
一	事先2周自学自读	一节课快读浏览	用快速浏览方法，阅读《艾青诗选》，了解诗歌内容，把握诗歌的思想感情，被诗人的爱国情怀熏陶	抓关键词浏览法
二	对《艾青诗选》进行泛读后，选择自己尤为喜欢的3首诗歌，进行赏析	一节课研读	能有方法的赏析《艾青诗选》中诗歌的意象和语言，进行专题探究	圈点勾画赏析，疑点和重点探究
三	诵读《艾青诗选》中自己喜欢的诗作，参加诗歌朗诵比赛	一节课朗诵交流	正确饱满的朗诵	朗读情感语气脚本设计

【辅助表格】

读书摘记卡

佳句摘录：
该句中关键词：
该句中的意象：
该句引起的联想：
句子点评：

燃烧的战歌

——《艾青诗选》导读课

【导读目标】

1. 介绍作者及作品，渗透诗人的爱国者形象。

2. 指导学生快速浏览方法，阅读《艾青诗选》。

【导读重点】了解诗歌内容，把握诗歌的思想感情。

【课前准备】事先2周自学自读，摘录。

【导读过程】

一、阅读《艾青诗选》的《序》，了解创作背景，重点阅读其中的作者介绍

1. 四人组员分工合作阅读，每个学生平均分配段落阅读。

2. 要求：每个人划出重点词语，填写表格《阅读任务单1》。

3. 交流展示，师生进行互动沟通，进行完善。如下：

诗人信息	艾青，原名蒋正涵，1910年3月27日生于浙江金华，现代文学家、诗人。1935年，出版了第一本诗集《大堰河》
创作年代背景 第一阶段	抗日战争开始后，日本侵略军连续攻占了华北、华东、华南的广大地区，所到之处疯狂肆虐，妄图摧毁中国人民的抵抗意志。中国人民奋起抵抗，进行了不屈不挠的斗争。诗人在国土沦丧、民族危亡的关头，满怀对祖国的挚爱和对侵略者的仇恨，写下了慷慨激昂的诗歌
第二阶段	1957年艾青被错划为右派，1978年重返诗坛，经过了二十年的沉寂，诗人"归来"，久被压抑的情感澎湃高涨，开始了他诗歌创作的另一个高峰

二、了解各个阶段的诗歌主要诗篇内容

小组进行合作，每个人分配阅读各个阶段诗歌，完成《阅读任务单2》。

早期主要作品	《向太阳》《火把》，借助太阳、索求火把，表达了驱逐黑暗、坚持斗争、争取胜利的美好愿望，诗人也因此被称为"太阳"和"火把"的歌手。 《黎明的通知》，以"黎明"的口吻，呼唤"诗人啊，/你起来吧"，让所有热爱生活的人们、所有的"城市和村庄"做好准备，迎接"白日的先驱，光明的使者"的到来
归来后的主要作品	《镜子》写镜子"是一个平面，却又是深不可测"，因为它真实、直率，从不掩饰，所以"有人喜欢它"，"有人躲避它"。 《光的赞歌》赞美"光"这一神奇的物质，赞美"光"带来的社会文明，以及"像光一样坚强"的社会正义，字里行间饱含着睿智哲思

三、归纳两个不同阶段的不同风格

1. **方法点拨**

任务要求：归纳两个阶段作品的共同点。共同点可以从以下几个角度来总结：①意象；②情感。

2. **老师解读任务中的关键词**

艺术风格——指作家在创作实践中逐渐形成的并体现于其整体创作中的独特艺术

个性；那么创作实践要和当时创作的年代相关联。艺术个性要结合很多作品，把握其中的主要特点。

3. 老师示例解决难点，结合诗歌，对第一阶段的创作风格分析

第一阶段的创作年代，是正值国家民族处于艰苦卓绝的时期。他大部分作品忧国忧民，悲愤、沧桑、爱国情怀，诗歌的意象和情感深切受此影响。

第一阶段（示例）

主要意象	"土地"和"光明"
情感特点	他这一时期的诗歌总是充满"土地的忧郁"，多写国家民族的苦难（老师的示例）、悲伤与反抗，朴素、自然，不拘泥于外形的束缚
风格特点	通过印象、感觉的捕捉来表达浓烈的情思，凝重、深厚而又大气的风格

4. 要求学生模仿老师的示例，对第二阶段创作年代进行分析

第二阶段

写作背景	1978年重返诗坛，当时中国"文革"刚结束，开始改革开放，全国上下热切憧憬，满怀信心和激情。二十年沉寂后的诗人"归来"，创作热情澎湃高涨
意象	光、蜡烛、海、浪等
情感	主旋律是歌颂光明。赞美社会文明、社会正义，深刻思考当下
风格特点	哲理小诗，反映人生，激情澎湃，热切饱满

教学注意：此时让学生充分思考阅读对比，教师静等，节奏放慢。

师生小结：不管哪个阶段，诗人都不改初心，热爱诗歌，充满创作的激情，历经时代沧桑，像一个时代的歌手，唱出自己燃烧的战歌。

四、布置作业

泛读《艾青诗选》后，选择自己尤为喜欢的三首诗歌，进行赏析，完成以下任务单。

读书摘记卡

佳句摘录：
该句中关键词：
该句中的意象：
该句引起的联想：
句子点评：

个人和时代的糅合共振

——《艾青诗选》研读课

【研读目标】

1. 理解诗歌方法指导。
2. 赏析《艾青诗选》中诗歌的意象和语言，进行专题探究。
3. 总结理解现代诗歌的方法。

【研读难点】品味诗歌中特殊时代的特殊意象。

【研读过程】

一、任务单反馈交流

读书摘记卡

佳句摘录：
该句中的关键词：
该句中的意象：
该句引起的联想：
句子点评：

二、主题探究

专题一：结合诗歌，探讨诗歌的意象

艾青诗歌有着丰富的时代文化内涵，值得我们细细品味。阅读诗集，不妨归纳分析一下，艾青诗歌中最常见的意象有哪些？哪些最让你有所触动，甚至产生心灵共鸣？

探究示例：

艾青诗歌的中心意象是：土地与太阳。

"土地"的意象里，凝聚着诗人对祖国——大地母亲最深沉的爱；爱国主义是艾青作品中永远唱不尽的主题。

诗人关注的中心始终是与中国土地合而为一的普通农民的命运。他写出了"土地—农民"受践踏的痛苦："雪落在中国的土地上，寒冷在封锁着中国呀"，更写出了"游动于地心的热气""土地—农民"的复活："我们的曾经死了的大地，在明朗的天空下，已复活了"；写出了"土地—农民"的翻身与解放。正是对于土地的痛苦、复活与解放的描绘，真实地写出了中国农村现实的灵魂。

"太阳"的意象表现了诗人灵魂的另一面：对于光明、理想、美好生活热烈的不息的追求。诗人几十年如一日地热情讴歌着：太阳，光明，春天，黎明，生命与火焰。这正是艾青的"永恒主题"。

专题二：分析典型诗句中的内涵和情感。

要求结合读过的艾青的诗，从一个或者几个方面加以艺术分析，仔细体会其中的意象和情感，理解其中丰富的思想内涵。

探究示例：

1. 艾青早期的诗歌，通过描写具体可感的事物来引起感觉、发挥联想、捕捉和选择意象以凝结成形象，这是他早期诗歌艺术最显著的特征之一。

如1937年初《太阳》一诗有这样几句："震惊沉睡的山脉，若火轮飞旋于沙丘之上，太阳向我滚来。"就是一种光明来临的具体化感觉，它暗示着光明时代的到来那种不可阻挡的雄伟气势。

2. 艾青诗歌意象内涵深刻。同样是写太阳、春天、黎明、夜晚，同样是写某一具体可感的事物，艾青能赋予它深刻的思想内容，从而使其诗歌在艺术与思想内容方面形成了有机的统一。

例如《雪落在中国的土地上》，这首诗一开头就创造了一种富有象征意义的阴冷、凄怆的气氛和意象："雪落在中国的土地上，/寒冷在封锁着中国呀……"这里的"雪"既是对大自然景象的如实描写，又是当时惨遭战乱的现实的艺术写照，不仅仅表现了自然界的寒冷，更是对政治气候和民族命运的暗示，表达了深刻的思想内容，为诗篇后面倾诉心曲，抒发忧国忧民的深情做了铺垫。

3. 总结

艾青诗歌艺术特色	1. 在主客观的融合中提炼生动意象，意象很有张力，内涵深刻，具有多层次的联想意义和广阔的象征空间。 2. 他的多数诗不强行押韵，也不追求整齐划一，但也有少数诗外形无拘无束却注重营造内在的节奏与旋律。 3. 善用比喻。 4. 短句活泼多姿，长句气势浩荡，朴素而又隽永，纯净而又深刻

三、总结理解诗歌欣赏的方法

（一）回顾理解现代诗歌的方法，总结：

1. 要注意诗歌的表现形式。

2. 品味诗歌的语言。

3. 把握诗歌的意象。

4. 体味诗歌的情感。

5. 体会诗歌内涵美。

（二）用所学方法写赏析文字 300 以上，写不完带回去当作业。

示例：《匕首一样的诗行》

1932 年 9 月，在黑夜沉沉死寂无声的中国，年仅 23 岁的诗人艾青是一个夜的醒者和勇敢的叛逆者。面对着严酷的现实世界，诗人抑制不住满腔的悲愤，像郁积的地火从心中突然喷发，他向铁栅外的世界呐喊。

而《透明的夜》就是诗人所呐喊出的时代的强音，给人以溅血的震颤。它不是那种低声吟咏的诗，读者抑制不住地要提高嗓音去朗读它，不必细细咀嚼，而是大口地去吞咽，以整个生命和情绪去承受和拥抱它野性的冲击。中国窒闷的心灵获得了一次痛快的唱歌之前的呼吸。

作为读者，会不知不觉中就将自己置身诗歌所营造的意境中：酒徒的阔笑，狗的吠声，醒的酒坊，野火一样的灯，血的气息，人的嚣喧，泥色的语言，血染的手臂和头颅，火一般的肌肉和里面的痛苦，愤怒和仇恨的力，夜的醒者，醉汉，流浪客，过路的盗，偷牛的贼……向沉睡的原野哗然走去……这些溅射着火和血的鲜活的形象，动态和语言，既陌生又新奇，每一行诗，每一个字都有血肉的跳动，发热发光。只有用这些新奇的短促的匕首一般的诗行才能深深刺入黑沉沉的旧中国的夜，创造出一个彩色的黎明。

四、布置作业

1. 写完赏析文章。

2. 事先给《艾青诗选》中喜欢的诗作标注或批注朗诵的注意点，为下节课朗诵做好准备。

读者和诗人的共振

——《艾青诗选》朗读交流和仿写

【活动目标】

1. 渗透朗诵要精心准备设计、用心抒发自己所感所悟的理念。

2. 指导朗诵的方法，对昨天的朗诵准备工作进行点拨指导。

3. 进行朗诵展示点评交流。

4. 对喜爱的诗句进行仿写或改写。

【活动难点】饱满正确的朗诵

【活动过程】

诗歌朗诵会

一、以《透明的夜》为例子，指导朗读脚本设计

1. 要注意朗读的语气语调、刚柔升降调。

2. 要标注出诗句的重音轻音。标注出诗句的速度急缓或者节奏铿锵停顿、舒缓流畅。

3. 批注出诗句的情感变化。

4. 老师做示例，学生在座位上先自己对照老师的示例，进行自我纠正，感悟老师的点拨。

5. 自己设计好朗读脚本后，大声朗读，进行品析。

【示例1】朗读训练：用到以下的标记符号来标注。

/表示短时间停顿；// 表示略长时间的停顿；⌒表示语气延长；·表示重音；⌒表示轻声；↗↘分别表示声音微升或微降，以突出抑扬顿挫。可配以《沉思曲》（钢琴）。

【示例2】以《透明的夜》为例子：

典型诗句	朗读设计	我的品析
一群酒徒，望沉睡的村，哗然地走去…… 村， 狗的吠声，叫颤了 满天的疏星	一群酒徒，望沉睡的村，哗然/走去…… 村， 狗的吠/声，叫/颤了 满天的/疏/星	"望""沉睡""吠声""颤""满天"是重音，写出了黑沉沉的旧中国的夜，体现了作者内心郁愤，"疏"和"星"之间停顿，表现出作者是一个夜的醒者，对星光的渴望。吠·声，叫/颤之间的停顿，表现出诗人对星光的敏感，对外界的变化的敏感

朗读：

艾青《透明的夜》

一
透明的夜。
……阔笑从田堤上煽起……
一群酒徒，望

二
酒徒们，走向村边
进入了一道灯光敞开的门，

三
……
"趁着星光，发抖
我们走……"

一

沉睡的村,哗然地走
去……
村,
狗的吠声,叫颤了
满天的疏星。
村,
沉睡的街
沉睡的广场,冲进了
醒的酒坊。
酒,灯光,醉了的脸
放荡的笑在一团……
"走
到牛杀场,去
喝牛肉汤……"

二

热的腥酸……
人的嚣喧,人的嚣喧。
油灯像野火一样,映出
十几个生活在草原上的
泥色的脸。
这里是我们的娱乐场,
那些是多谙熟的面相,
我们拿起
热气蒸腾的牛骨
大开着嘴,咬着,咬
着……
"酒,酒,酒
我们要喝。"
油灯像野火一样,映出
牛的血,血染的屠夫的
手臂,
溅有血点的
屠夫的头额。
油灯像野火一样,映出
我们火一般的肌肉,
以及
——那里面的——
痛苦,愤怒和仇恨的力。
油灯像野火一样,映出
——从各个角落来的——
夜的醒者
醉汉
浪客
过路的盗
偷牛的贼……
"酒,酒,酒
我们要喝。"

三

阔笑在田堤上煽起……
一群酒徒,离了
沉睡的村,向
沉睡的原野
哗然地走去……
夜,透明的
夜!

二、朗诵展示点评和交流

1. 根据诗歌内容决定朗诵的形式，安排个人朗诵，或者小组、全班集体朗诵，还可以配乐朗诵。朗诵要预先练习准备，讲究技巧方法，读出情味与韵律。

2. 学生评价鉴赏。

3. 朗诵提升训练，教师试水。

摘录你想改或仿写的原诗句	
写下你的改写或仿写	

泰戈尔诗选

——【印度】泰戈尔

一、作品介绍

【作者简介】

泰戈尔（1861—1941），印度著名诗人、作家、艺术家和社会活动家，生于加尔各答市一个富有哲学和文学艺术修养的家庭，13岁即能创作长诗和颂歌体诗集。曾赴英国学习文学和音乐，十余次周游列国，与罗曼·罗兰、爱因斯坦等大批世界名人多有交往，毕生致力于东西文明的交流和协调。泰戈尔以诗人著称，创作了《吉檀迦利》等50多部诗集，被称为"诗圣"。他又是著名的小说家、剧作家、作曲家和画家，先后完成12部中长篇小说，100多篇短篇小说，20多部剧本，1500多幅画和2000多首歌曲。天才的泰戈尔还是一位哲学家、教育家和社会活动家。1913年，泰戈尔以诗歌集《吉檀迦利》荣获诺贝尔文学奖。1915年，陈独秀在《青年杂志》（《新青年》）第2期上发表他译的《赞歌》4首。作品中"信爱、童心、母爱"的思想，博大仁慈的胸怀，独具魅力的人格，赢得了无数中国读者的敬仰。

泰戈尔是具有巨大世界影响的作家。1924年，泰戈尔应孙中山先生之邀访华，"泰戈尔热"进入高潮。他在徐志摩家乡时，"观者如堵，各校学生数百名齐奏歌乐，群向行礼，颇极一时之盛"。他会见了梁启超、沈钧儒、梅兰芳、梁漱溟、齐白石、溥仪等各界名流。1956年，周恩来总理回忆时说："泰戈尔是对世界文学作出卓越贡献的天才诗人……"他熏陶了一批中国最有才华的诗人和作家，其中郭沫若、冰心受到的影响最深。郭沫若是中国新诗第一人，称自己文学生涯的"第一阶段是泰戈尔式的"。冰心是中国新文学女性作家第一人，她早期的创作受到了泰戈尔的明显影响，特别是诗集《繁星》和《春水》。她说："我自己写《繁星》和《春水》的时候，并不是在写诗，只是受了泰戈尔的《飞鸟集》的影响，把许多'零碎的思想'，收集在一个集子里而已。"郭沫若、冰心等人又以他们的作品，影响了一代又一代中国读者。

【内容简介】

泰戈尔的诗有很多集子，市面上的《泰戈尔诗选》所收集的基本包括《吉檀迦利》《园丁集》《新月集》《飞鸟集》四集，这四本集子亦是最为著名的，故而主要安排学生对泰戈尔的这四个集子的阅读。

《吉檀迦利》是一部宗教抒情诗集，是一份"奉献给神的祭品"（不少人以为"吉檀迦利"是奉献之意，其实是献诗之意）。泰戈尔向神敬献的歌是"生命之歌"，他以轻快、欢畅的笔调歌唱生命的枯荣、现实生活的欢乐和悲哀，表达了作者对祖国前途的关怀。

《园丁集》是一部"关于爱情和人生的"英文抒情诗集，诗体为散文诗。共收入诗歌85首，初版于1913年。诗集中的大部分诗歌是诗人从自己在19世纪90年代创作的孟加拉文诗集《刹那集》《梦幻集》《金船集》《缤纷集》等翻译而来的。属于泰戈尔前期创作阶段的诗歌作品。

《新月集》主要译自1903年出版的孟加拉文诗集《儿童集》，也有的是用英文直接创作的。诗集里着力描绘的是一个个天真可爱的儿童。诗人塑造了一批神形兼备、熠熠闪光的天使般的儿童艺术形象。

《飞鸟集》包括325首清丽的无标题小诗，首次出版于1916年。这些诗的基本题材多为极其常见事物，不外乎小草、落叶、飞鸟、星辰、河流等。由于诗人忠实于自己的思想，具有敏锐洞察自然、社会的能力和一支善于表达心曲的妙笔，这些形似只言片语的小诗就蕴涵了丰富的思想、深奥的哲理，表现出一种清新明快、优美隽永的风格。《飞鸟集》在世界各地被译为多种文字版本，对于中国的"小诗运动"的产生与发展具有推动作用。

二、实施要求

（一）合理规划阅读的时间

《泰戈尔诗选》主要阅读《吉檀迦利》《园丁集》《新月集》《飞鸟集》这四个集子。每一个集子的篇幅都不算长，但诗歌值得仔细品味，故而安排每周一个集子的阅读，四个星期完成整本书的阅读。

（二）落实诗歌阅读方法的指导

阅读现代诗歌需要注意下面几点：

1. 注意诗歌的表现形式。
2. 品味诗歌的语言。
3. 把握诗歌的意象。
4. 体味诗歌的情感。
5. 体会诗歌的理性美。

（三）举办泰戈尔诗歌朗读会

朗诵是阅读、理解、品味诗歌的必不可少的手段。每位学生选择自己喜欢的泰戈尔的诗作，做好朗诵准备，揣摩技巧方法，读出感情和节奏。先在小组内开展竞赛，选出最佳朗诵者。各组选拔出来的最佳朗诵者，参加班级的朗诵比赛，最终评出第一名、第二名和第三名。

三、导读攻略

根据"实施要求"中的具体内容，开展具体的阅读活动。本书的阅读进程分为如下两个阶段：

第一阶段：阅读·思考

1. 阅读安排

《泰戈尔诗选》主要阅读《吉檀迦利》《园丁集》《新月集》《飞鸟集》这四个集子。每一个集子的篇幅都不算长，但诗歌值得仔细品味，故而安排每周一个集子的阅读进程，四个星期完成整本书的阅读。同时布置相应的阅读任务，具体任务如下：

（1）阅读诗歌，摘录自己喜欢的诗句，仔细品味，并写下你的赏析。

（2）阅读完《吉檀迦利》《园丁集》《新月集》这三个集子，结合对具体的诗歌或诗句的分析，分别概括总结出集子的主题。阅读完《飞鸟集》，将自己喜欢的诗句背下来，并试着仿写。

（3）从《吉檀迦利》《园丁集》《新月集》这三个集子中选择一首你喜欢的诗，做好朗诵准备，揣摩技巧方法，读出感情和节奏。

2. 阅读任务单

阅读时间	阅读篇目	摘录的诗句	阅读任务	交流任务
第一周	《吉檀迦利》	＿＿＿＿＿＿＿＿＿＿＿＿＿＿＿＿	阅读完《吉檀迦利》，你发现它的的主题是＿＿＿＿＿＿。你的理由是＿＿＿＿＿＿（需结合具体的诗歌或诗句）。	从表达的主题角度，说说你最喜欢这四个集子中的哪一个。为什么？（注意发现诗人的内心世界，品味其诗歌语言之美）＿＿＿＿＿＿＿＿＿＿＿＿＿＿＿＿＿＿＿＿＿＿＿＿
第二周	《园丁集》	＿＿＿＿＿＿＿＿＿＿＿＿＿＿＿＿	阅读完《园丁集》，你发现它的主题是＿＿＿＿＿＿。你的理由是＿＿＿＿＿＿（需结合具体的诗歌或诗句）。	
第三周	《新月集》	＿＿＿＿＿＿＿＿＿＿＿＿＿＿＿＿	阅读完《新月集》，你发现它的主题是＿＿＿＿＿＿。你的理由是＿＿＿＿＿＿（需结合具体的诗歌或诗句）。	
第四周	《飞鸟集》	＿＿＿＿＿＿＿＿＿＿＿＿＿＿＿＿	你仿写的诗句：＿＿＿＿＿＿＿＿＿＿＿＿＿＿＿＿＿＿＿＿	

续表

阅读时间	阅读篇目	摘录的诗句	阅读任务	交流任务
抄录《吉檀迦利》《园丁集》《新月集》中你最喜欢的一首诗			你的朗读设计	

第二阶段：朗诵·交流

1. 朗诵会

学生在阅读完整本书后，每位学生选择自己喜欢的诗作，做好朗诵准备，揣摩技巧方法，进行朗读设计，并读出感情和节奏。

学生准备好后，先自主在小组内开展竞赛，选出最佳朗诵者，推送参加班级内部竞赛。各组选拔出来的最佳朗诵者，参加班级的朗诵比赛，教师和其他同学作为评委，最终评出第一名、第二名和第三名，并给予一定的奖励。

附《"最近泰戈尔"诗歌朗诵会评分标准》：

"最近泰戈尔"诗歌朗诵会评分标准					
选手	精神饱满、姿态得体大方（2分）	感情饱满真挚，表达自然，能通过表情的变化反应朗诵的内涵（3分）	吐字清晰，声音洪亮，正确把握朗诵节奏（2分）	能正确把握朗诵内容，声情并茂，朗诵富有韵味和表现力，能与观众产生共鸣（3分）	总　分（10分）

2. 交流会

学生在阅读这本书的时候，按照"阅读任务单"中的要求，在阅读的过程中去思考发现四本集子各自不同的主题。然后学生根据自己的喜好，精读一个集子，发现诗人的内心世界，品味泰戈尔诗歌语言之美。在此基础上，在交流课中组织学生对自己的发现与感悟做好交流。

走近泰戈尔

——《泰戈尔诗选》导读课

【导读目标】

1. 简单了解泰戈尔生平及其成就。

2. 了解泰戈尔诗歌的主要表现形式。

3. 理解"吉檀迦利"的含义，明确理解诗歌主题的阅读方向。

【导读重点】把握泰戈尔诗歌的主要表现形式。

【导读难点】理解"吉檀迦利"的含义，明确理解诗歌主题的阅读方向。

【导读过程】

一、导入

屏显：

生如夏花之绚烂，死如秋叶之静美。

眼睛为她下着雨，心却为她打着伞，这就是爱情。

当你为错过太阳而哭泣的时候，你也要再错过群星了。

天空没有翅膀的痕迹，而我已飞过。

有时候爱情不是因为看到了才相信，而是因为相信才看得到。

学生齐读这些诗句。

师：这些句子都是大家耳熟能详的，也是很多同学所喜欢的，这些优美的诗句都有一个共同的作者，他就是泰戈尔。从这些诗句中，你觉得泰戈尔是个怎样的人？

学生畅所欲言。

预设：泰戈尔是一个热爱生活、热爱自然的人。他会思考，会用生动形象的语言表达生命的真谛。

二、走近泰戈尔

屏显：

他以诗人著称，创作了《吉檀迦利》等50多部诗集，被称为"诗圣"。

他是著名的小说家、剧作家、作曲家和画家，先后完成12部中长篇小说，100多篇短篇小说，20多部剧本，1500多幅画和2000多首歌曲。

他是一位哲学家、教育家和社会活动家。

他作品中"信爱、童心、母爱"的思想，博大仁慈的胸怀，独具魅力的人格，赢得了无数中国读者的敬仰。

他熏陶了一批中国最有才华的诗人和作家，其中郭沫若、冰心受到的影响最深。

1913年，他以诗歌集《吉檀迦利》荣获诺贝尔文学奖。

周恩来总理回忆时说："他是对世界文学作出卓越贡献的天才诗人……"

看了这些简介，现在你觉得泰戈尔是个怎样的人呢？

学生畅所欲言。

预设：泰戈尔多才多艺，才华超人。既是作品浩繁的文学艺术大师、学识渊博的哲人、成就卓著的社会活动家，也是锐意革新的教育家。他一生所有的贡献，不但在印度历史上具有划时代的意义，而且在国际上也产生了巨大影响。泰戈尔在印度文化的各个方面都产生了广泛而深远的影响。而他最突出的天才表现，恐怕就是他的诗歌创作了。

三、走近诗选

（一）诗歌形式

师：那么我们即将开始《泰戈尔诗选》的阅读之旅。拿到这本书的时候，我们会发现里面收录了泰戈尔的几个诗集，我们主要阅读《吉檀迦利》《园丁集》《新月集》《飞鸟集》这四个集子。请大家快速随意翻阅这四个集子，说说你的发现，可以先和同桌交流。

学生快速翻阅，思考并与同桌简单交流。

预设：四个集子的诗歌形式是不同的。《吉檀迦利》与《园丁集》一首首的散文诗，没有标题；《新月集》也是散文诗，不过每一首都有标题；《飞鸟集》都是无标题的小诗，绝大多数的诗只有一两行。

屏显：

泰戈尔一生的诗歌创作受印度古典文学、西方诗歌和孟加拉民间抒情诗歌的影响，多为不押韵、不雕琢的自由诗和散文诗。

（二）诗歌主题

师：《泰戈尔诗选》中每一个集子都有很多首诗，但其实都有一个关键的主题。大家先来自由阅读《吉檀迦利》的第1-5首诗，猜一猜诗中的这个"你"是谁，并说一说诗人对这个"你"有怎样的情感。

学生阅读《吉檀迦利》第1-5首诗，思考交流。

预设：这个"你"就是神。诗人表达出了对神的依赖，表现出了神与人之间的亲密关系。如"这正是应该静坐的时光，和你相对，在这静寂和无边的闲暇里唱出生命的献歌"，人与神亲密地相处着。

师：有人说"吉檀迦利"是"奉献"的意思，还有些人认为是"献诗"的意思。看了这几首诗，你觉得"吉檀迦利"是什么意思呢？

预设："吉檀迦利"应该是"献诗"的意思。因为诗中提到"你本是我的主人""我的主人"，诗人把"神"当做自己的"主人"，诗人还通过"我生命的生命，我要保持我的躯体永远纯洁，因为我知道你的生命的摸抚，接触着我的四肢""不在你的面前,我的心就不知道什么是安逸和休息,我的工作变成了无边的劳役海中的无尽的劳役"这些诗句表达出对神的赞美与依恋,这是对神的"献诗"!

屏显:

泰戈尔跟印度传统哲学不同的地方是:他把重点放在"人"上面,主张人固然需要神,神也需要人,甚至认为只有在人中才能见到神。

——季羡林

小结:阅读《泰戈尔诗选》的四个集子,我们要关注它的独特的诗歌形式,同时还要通过阅读诗歌、品味诗歌去探究每个集子的大主题,由此渐渐地走近泰戈尔,走进他的内心世界,品味其诗歌的语言之美。

四、作业布置(阅读任务)

根据任务单,完成阅读任务。

阅读时间	阅读篇目	摘录的诗句	阅读任务	交流任务
第一周	《吉檀迦利》	_____	阅读完《吉檀迦利》,你发现它的主题是_____。你的理由是_____(需结合具体的诗歌或诗句)。	从表达的主题角度,说说你最喜欢这四个集子中的哪一个。为什么?(注意发现诗人的内心世界,品味其诗歌语言之美)_____
第二周	《园丁集》	_____	阅读完《园丁集》,你发现它的主题是_____。你的理由是_____(需结合具体的诗歌或诗句)。	
第三周	《新月集》	_____	阅读完《新月集》,你发现它的主题是_____。你的理由是_____(需结合具体的诗歌或诗句)。	
第四周	《飞鸟集》	_____	你仿写的诗句:_____	
抄录《吉檀迦利》《园丁集》《新月集》中你最喜欢的一首诗 _____			你的朗读设计 _____	

你是飞鸟，去留无痕

——《泰戈尔诗选》研读课

【研读目标】

1. 了解名著译本对于名著传播的重要性。

2. 在译文对比中，理解泰戈尔诗歌语言的特点。

3. 感悟泰戈尔诗歌语言中所表现的对自然、生命的哲思。

【研读重点】在译文对比中，理解泰戈尔诗歌语言的特点。

【研读难点】感悟泰戈尔诗歌语言中所表现的对自然、生命的哲思。

【研读过程】

一、导入

师：阅读外国名著，我们会发现市面上有许多译者翻译的不同版本。面对众多的版本，我们常会彷徨，不知道该选择哪个译本，对此，你怎么看？

学生畅所欲言。

预设：外文名著的译本还是必需的。其实，在我们这样的文化环境中去看外文原著，依然会存在文化的隔阂，亦是不能完全体会到原著精髓的。而且大多数人看原著有一定的困难，而通过译本了解名著便是一条捷径了。于是译本的质量便决定了我们对原著的理解程度。好的译本往往能够在译文的包装之下将读者拉近原著，让读者感受到原著之美。

二、译文比较

师：我们手上的《泰戈尔诗选》中的《飞鸟集》都是郑振铎翻译的，而其实在2015年说出"春风十里，不如你"的冯唐出版了他翻译的《飞鸟集》，当时引起了一片轰动。有批评之声，也有赞扬之声。那么他们的译文究竟孰优孰劣？让我们一起来小组合作探究一下。请同学们试从下面三个诗句译文的比较中，结合你在阅读体验中所感受到的泰戈尔语言风格，比较两者的优劣。

屏显：

第2首 原文 Troupe of little vagrants of the world, leave your footprints in my words.

郑振铎译文 世界上的一队小小的漂泊者呀，请留下你们的足印在我的文字里。

冯唐译文 现世里孤孤单单的小混蛋啊，混到我的文字里留下你们的痕迹吧。

第45首　原文 He has made his weapons his gods. When his weapons win he is defeated himself.

郑振铎译文　他把他的刀剑当作他的上帝。当他的刀剑胜利的时候他自己却失败了。

冯唐译文　他尊他的剑为神。剑胜了，他输了。

第59首　原文 Never be afraid of the moments——thus sings the voice of the everlasting.

郑振铎译文　决不要害怕刹那——永恒之声这样唱着。

冯唐译文　永恒的声音吟唱道，不要害怕那些瞬间。

学生小组合作，思考探究，小组长总结汇报。

预设：从上面的译文对比可见，郑振铎主要是直译为主，而冯唐多采用意译。总体上的感觉，郑振铎的直译要优于冯唐的"意译"，冯唐的"意译"勉强造作又失掉泰戈尔诗歌语言的清新自然、轻柔隽逸之味。如 "Troupe of little vagrants of the world, leave your footprints in my words" 这一句，郑振铎将"vagrants"译为"漂泊者"，意味隽永，而冯唐却译为"小混蛋"，让这句话一下失去了它的味道，浑然不似从泰戈尔嘴里说出的话。总之，泰戈尔诗歌的语言清新自然、想象丰富、轻柔隽逸、音乐性强、格调淳朴，郑振铎的直译可能个别诗句会稍显呆板，但整体上将泰戈尔诗歌的味道展现得淋漓尽致。

屏显：

我觉得我有时候心情很烦乱的时候，如果进入泰戈尔的世界是很纯真、很美好的。

——资深主持人杨澜（世界读书日推荐语）

像山坡草地上的一丛丛的野花，在早晨的太阳光下，纷纷地伸出头来。随你喜爱什么吧，那颜色和香味是多种多样的。

——郑振铎

三、试写译文

师：在比较中我们深切体会到泰戈尔的语言特点，那我们学以致用，也来做一做小小翻译家。请大家试着根据泰戈尔的语言特点，从下面的诗句中选一句翻译成中文，并结合你的译文说说这句话的含义。

屏显：

1. Once we dreamt that we were strangers.

We wake up to find that we were dear to each other.

2. Sorrow is hushed into peace in my heart like the evening among the silent trees.

3. The mighty desert is burning for the love of a bladeof grass who shakes her head and laughs and flies away.

学生自主翻译,并交流。

预设1:"有一次,我们梦见大家都是不相识的。我们醒了,却知道我们原是相亲相爱的。"这是一种梦与现实之间的距离,是我们对生活的追求,我们希望生活中我们是相亲相爱的,但现实确实如此吗?

预设2:"忧思在我的心里平静下去,正如暮色降临在寂静的山林中。"此句诗人将"忧思"比作"暮色",将"心"比作"寂静的山林",指出心中有忧愁,难以使得自己心灵平静。

预设3. "无垠的沙漠热烈追求一叶绿草的爱,她摇摇头笑着飞开了。"饱含激情,充满热情的少年追求着一位他心仪的女生,但女生知道自己跟那少年不会有好的结局,因为沙漠最终会掩埋了这叶绿草,会使绿草失去生命。

屏显:

泰戈尔这本《飞鸟集》,成书已有92年,现在读来,仍像是壮丽的日出,书中散发的哲思,有如醍醐灌顶,令人茅塞顿开。

——李敖

小结:《飞鸟集》由短小的语句道出深刻的人生哲理,引领世人探寻真理和智慧的源泉。白昼和黑夜、溪流和海洋、自由和背叛,都在泰戈尔的笔下合二为一。以《飞鸟集》为引,其实我们在阅读泰戈尔的诗歌时,亦需品味其诗歌的语言,体味其对自然、生命的哲思。

四、作业布置

从《吉檀迦利》《园丁集》《飞鸟集》中选择一首诗的英文原文,根据你对泰戈尔诗歌语言特点的理解,把它翻译成中文,并与大家交流。

印象泰戈尔
——《泰戈尔诗选》交流课

【交流目标】

1. 理解泰戈尔四本诗集的主题。

2. 在各集子的主题交流中，深入理解泰戈尔。

3. 感悟泰戈尔的生命哲学。

【交流难点】感悟泰戈尔的生命哲学。

【交流过程】

一、猜一猜

抢答：下面的诗句分别出自泰戈尔的哪本诗集？

屏显：

世界以痛吻我，要我报之以歌。（《飞鸟集》）

我的心是旷野的鸟，在你的眼睛里找到了它的天空。（《园丁集》）

白昼更加深沉地没入黑暗里，那已经收割了的田地默默地躺在那里。（《新月集》）

我们把世界看错了，反说它欺骗我们。（《飞鸟集》）

离你越近的地方，路途越远；最简单的音调，需要最艰苦的练习。（《吉檀迦利》）

我会忘了你，这是真的吗？让这句话成为我最后的话。（《新月集》）

二、悦读·交流会

师：根据我们在阅读过程中所完成的任务单，我们来说说《泰戈尔诗选》中四个集子的主要内容分别是什么。

预设：

《吉檀迦利》是一部宗教抒情诗集，是一份"奉献给神的祭品"（不少人以为"吉檀迦利"是奉献之意，其实是献诗之意）。

《园丁集》是一部"关于爱情和人生的"英文抒情诗集。

《新月集》着力描绘的是一个个天真可爱的儿童，塑造了一批神形兼备、熠熠闪光的天使般的儿童艺术形象。

《飞鸟集》诗集并没有明显的逻辑结构和明确的中心，只是诗人在日常生活中的感触、思考、情思的片段记录。

师：根据阅读任务单中"从表达的主题角度，说说你最喜欢这四个集子中的哪一个。为什么？（注意发现诗人的内心世界，品味其诗歌语言之美）"这一任务，请选择同一集子的同学坐在一起，组成小组，围绕下面问题展开交流讨论，选一位同学做好记录，准备汇报。

屏显：

这个集子最大的魅力是什么？你从中看见了一个怎样的泰戈尔？

学生小组合作讨论，小组长记录并汇报。

预设：《新月集》中纯真孩子、慈爱的母亲最有魅力。在本集中，诗人书写了孩子纯净的心灵。孩子们喜欢玩简单的小游戏，且乐此不疲。"他们用沙子建造房屋，他们用空贝壳游戏。""孩子，你多么快乐，整个早晨坐在尘土里，玩着一根折断的小树枝。"孩子们有着奇妙的想象，"如果我闹着玩儿，变成一朵金香木花，长在那树的高枝上，在风中笑得摇摇摆摆，在新生嫩叶上跳舞，妈妈，你认得出是我吗？"此外，《新月集》也描写了孩子和母亲的感情。"他知道慈母心中小小一角就可以容纳无穷的欢乐，被母亲逮住了紧抱在她慈爱的双臂里，远比自由甜蜜。"在诗人的笔下，诗中的母亲带有一种圣洁的光辉。泰戈尔是一个崇尚爱的诗人，他认为爱创造了世界，世界的本质就是爱，而母爱、孩童之爱则是人类最真诚最纯朴的情感。诗中，诗人时而化身天真可爱的孩子，时而变成温存和善的妈妈，通过儿童新奇活泼的想象和母亲真纯怜爱的话语，把这种爱化作美丽的具体形象，产生了一种摄人心魄的魅力。

三、悦写·创作社

1. 从下列题目中选择一个，确定一个核心意象来精心构思，创作一首属于自己的小诗。

备选题目：春　离别　路

温馨提示：诗歌，一般要求语言含蓄凝练、音韵和谐优美、意蕴丰富……

标题：_____

诗歌：_____

2. 编辑诗歌集。诗集内容包括《泰戈尔诗选》及其他精选的现代诗（不少于15首），也可以创作你自己的诗歌，一并收入这个诗歌集。请你自己设计封面、插图，并为诗歌集命名，写编写说明。

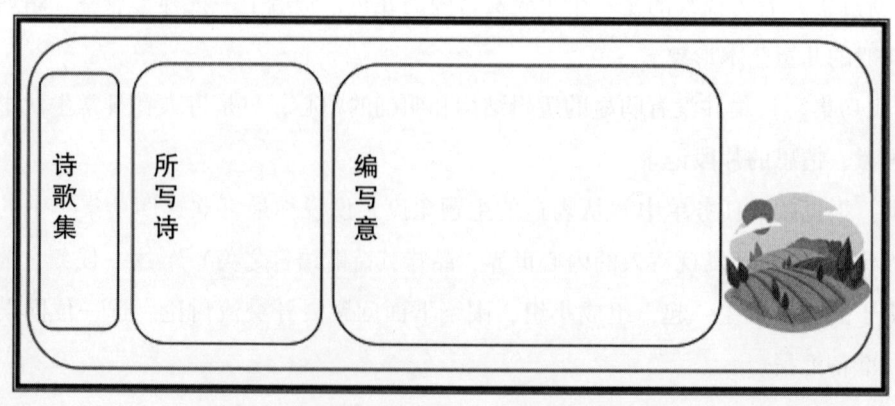

诗歌集	所写诗	编写意

四、悦人·印象泰戈尔

屏显：

"泰戈尔是一个人格洁白的诗人"

"一个怜悯弱者，同情于被压迫人们的诗人"

"一个鼓励爱国精神，激起印度青年反抗英国帝国主义的诗人"

——沈雁冰

泰戈尔是一个_____的诗人，他说："_____。"

师：现代著名作家茅盾用这三句话评价了泰戈尔，这是他印象中的泰戈尔。那么你也来评价一下你印象中的泰戈尔，不过你还要用他的诗句印证一下。

学生在纸上动笔写下内心的想法。

预设：泰戈尔是一个热爱生命的诗人。他说："我将死了又死，以明白生是无穷无尽的。"他还是一个崇尚爱的人。他说："爱就是充实了的生命，正如盛满了酒的酒杯。"

屏显：

他是我们圣人中的第一人：不拒绝生命，而能说出生命之本身的，这就是我们所以爱他的原因了。

——郑振铎

五、作业布置

拓展阅读冰心的《繁星·春水》，找一找哪些诗句最具有泰戈尔的影子。

唐诗三百首

——孙洙

一、作品介绍

唐诗是中国古典诗歌成就的高峰。《唐诗三百首》一共收录310篇诗作，入选诗篇按诗体分为五古、七古、五律、七律、五绝、七绝六类，乐府诗附入各体之后。《唐诗三百首》在选编中注重诗人和诗歌风格的多元化，全书收录77位诗人，遍及唐代的各个时期，分布于社会各个阶层，其中既有杜甫、李白、王维这类大家，又有许多存留作品极少、藉藉无名的诗人，如金昌绪等。其入选诗歌题材内容丰富多样，涉及唐人生活的各个领域，国家兴衰、歌舞宴乐、民生疾苦、边塞牧猎，及祖国山河景观、田园风光等，各种素材无不入题。因此，读《唐诗三百首》不仅能感受唐诗的形式之美、内容之雅，还能从中发现唐人精彩纷呈的生活世界以及五彩斑斓的文化世界。

二、实施要求

《唐诗三百首》涉猎广泛，取材多样，从兼济天下的豪情壮志、归隐山林的闲适安逸，到情人分离的痛苦隐忍、羁旅思亲的离愁别恨，再到屡试不第、落魄淹蹇的牢骚怨恨，各类诗作均有涉及。读完一首唐诗，需体味其内容与情感，并与其他唐诗比较区分，以更好地把握整部《唐诗三百首》的选诗概况。在分类上，可让学生依据以往所学经验，结合自身，整理、归纳、分类。如按题材内容分类：送别诗、咏古诗、边塞诗、山水田园诗、咏物诗、羁旅诗、闺怨诗等。

（二）知人论世，理解诗人诗作

读《唐诗三百首》，是学生全面了解唐代优秀诗人的好契机。通过对一位诗人不同阶段、不同内容、不同题材等诗作的品读，学生可对诗人产生较为立体的形象感知。诗人所处的时代、身世、境遇、抱负、人生观等，往往决定诗作的思想感情。因此，在读诗中，教师可引导学生多方了解诗人概况，以更全面地把握诗人形象及其诗歌特色。

三、导读攻略

(一) 多种诵读方式，品味唐诗之美

所谓"熟读唐诗三百首，不会作诗也会吟"，"读"是学习古诗最基础也是最重要的方法。首先，《在唐诗三百首》导读课后，学生开始诵读，可根据个人实际安排时间进行"每日唐诗诵读"打卡，朗读时间每天不少于 10 分钟。其次，在 APP "喜马拉雅"上开设班级专栏，每位学生精心准备诵读篇目，配以音乐，上传朗读音频，班级交流、分享、评比。最后，全班投票选出 10 个最佳诵读作品，在交流课上展示朗读成果。

(二) 完成阶段性任务，推进阅读进程

《唐诗三百首》中有三百多首各类题材的诗作，诗人繁多，体裁各异，学生在自主阅读阶段多停留于零散的、单篇的诗歌阅读印象。因此，在不同的学习阶段，学生根据教师布置的相应任务，进行梳理、归纳、整合，进而形成整体性、有序化的阅读成果。具体安排如下：

阅读阶段	主要内容	学习任务	设计意图
名著导读课	了解作品概况，了解阅读方法，产生阅读兴趣	1. 课前布置观看《百家讲坛》《莫砺锋说诗》 2. 整理教材中的唐诗	了解作品编排特点、选诗标准等，细读分类，初步感知作品面貌，明确读诗方法，为下阶段阅读奠定基础
通读指导	自读文本，鉴赏内容	1. "每日唐诗诵读"打卡 2. 自定分类方式，为所读诗歌分门别类	坚持诵读，在读中感受唐诗之美；感知唐诗取材广泛，内容丰富的特点，初步体会唐代文人风度
重点突破	杜甫的主题阅读	1. 梳理杜甫诗作，感受诗风特点 2. 阅读"杜甫生平年谱" 3. 李白与杜甫诗歌风格比较	理解杜甫"忧国忧民"的形象及其人生追求，在对比中进一步理解杜甫的现实主义风格，提炼阅读方法，指导下一阶段阅读
自主探究	体会诗人情怀，鉴赏风格特色	1. 撰写研究报告 2. 交流分享	学以致用，鉴赏诗人风格，把握唐诗特点，体味多元化诗风
交流活动课	展示阅读成果，同伴交流	1. 诵读——"唐诗·朗读者" 2. 积累——"唐诗大会" 3. 改写——"唐诗新义"	吟、品、赏相结合，在交流分享中，深入理解《唐诗三百首》的艺术特色和价值，体会其魅力

熟读唐诗三百首　不会作诗也会吟

——《唐诗三百首》导读课

【导读目标】

1. 从宏观上了解《唐诗三百首》的编排特点、选诗标准等，为深入阅读奠定基础。

2. 由教材中所学《唐诗三百首》的诗篇入手，细读分类，初步感知其取材广泛、反映唐代风貌等特点。

【导读重点】根据题材为唐诗分类，初步感知《唐诗三百首》取材广泛、反映唐代风貌的特点。

【导读难点】推测编者选诗标准，指引整部名著阅读。

【课前准备】

1. 调查班级学生对《唐诗三百首》的了解程度。

2. 整理七（上）—九（上）教材中的唐诗。

【导读过程】

一、初识《唐诗三百首》

唐代是中国诗歌史上的黄金时代，唐诗在格律、形式和艺术技巧等方面发展到一个新的高度，名家辈出，流派众多。在唐诗的普及和流播过程中，历代唐诗选本难以胜数，其中流传最广、在中国民间影响最大的是《唐诗三百首》。

1. 我读《唐诗三百首》

（1）出示俗语："熟读唐诗三百首，不会作诗也会吟。"

（2）你读过《唐诗三百首》吗，请与大家分享你的阅读经历？

2. 名家读《唐诗三百首》

> "余童时从先伯父与先君读书，经、史、古文而外，有《唐诗三百首》，心焉好之。独索冥行，渐解声律对偶。"
>
> ——钱锺书
>
> 最能表达汉语汉字的特色的，我以为是中国的旧诗。一个懂中文的华人，只要认真读一下《唐诗三百首》，他或她的心就不可能不中国化了。
>
> ——王蒙

二、再识《唐诗三百首》

1. 浏览目录，了解编排特点

翻开《唐诗三百首》的目录，你能发现它在编排上的特点吗？

五言古诗三十三首			七言古诗二十八首		
张九龄			陈子昂		
	感遇二首	2		登幽州台歌	60
李 白			李 颀		
	下终南山过斛斯山人宿置酒	6		古 意	61
	月下独酌	7		送陈章甫	62
	春 思	8		琴 歌	64
杜 甫				听董大弹胡笳弄兼寄语房给事	65
	望 岳	10		听安万善吹觱篥歌	67
	赠卫八处士	11	孟浩然		
	佳 人	12		夜归鹿门歌	68
	梦李白二首	14	李 白		
王 维				庐山谣寄卢侍御虚舟	69
	送綦毋潜落第还乡	18		梦游天姥吟留别	72
	送 别	20		金陵酒肆留别	76
	清 溪	20		宣州谢朓楼饯别校书叔云	76
	渭川田家	21	岑 参		
	西施咏	22		走马川行奉送封大夫出师西征	78

明确：《唐诗三百首》按照诗歌体裁的不同，分为古诗、乐府、绝句、律诗，每个类别下的作家作品又按照年代先后编排。

2. 了解编者及其选诗标准

（1）出示孙洙简介

> 孙洙（1711-1778），字临西，或作苓西，别号蘅塘退士，江苏无锡人。乾隆十六年（1751）进士，历官直隶大城、卢龙、山东邹平知县。乾隆二十七年（1762），任山东乡试同考官，后改江宁府儒学教授。少年时家贫，"隆冬读书，恒以一木握掌中，谓木生火，可御寒"。晚年归里，著有《蘅塘漫稿》。他的继室徐兰英善书工诗，曾得过御赐"江南女士"的印章。乾隆二十八年（1763），夫妻二人切磋商讨，编成这部唐诗选作为家塾课本。

（2）翻阅《唐诗三百首》的诗歌，结合你所知的唐诗知识，试猜测，编者选诗的标准是什么？

学生发言后，归纳：

（1）所选择的唐诗都是精品中的精品，是长幼咸宜、雅俗共赏的篇章。

（2）从所选的具体诗人和诗作看，突出盛唐和晚唐两个时期。盛唐时期突出了王维、孟浩然、李白、杜甫和韦应物，晚唐时期则突出杜牧和李商隐。这七位诗人的作品就选录一百五十七首之多。

（3）编者在选取诗人作品时，抓住他们所擅长的诗歌体裁，选取他们成就最高的代表作。

（4）《唐诗三百首》还选取上自皇帝、贵胄，下到僧人、歌女，反映各个阶层社会生活的诗人和诗作……

三、感知《唐诗三百首》

教材中的《唐诗三百首》诗篇

1. 次北固山下（王湾）	2. 江南逢李龟年（杜甫）
3. 夜上受降城闻笛（李益）	4. 竹里馆（王维）
5. 逢入京使（岑参）	6. 登幽州台歌（陈子昂）
7. 望岳（杜甫）	8. 泊秦淮（杜牧）
9. 贾生（李商隐）	10. 黄鹤楼（崔颢）
11. 渡荆门送别（李白）	12. 春望（杜甫）
13. 赤壁（杜牧）	14. 送杜少府之任蜀州（王勃）
15. 望洞庭湖赠张丞相（孟浩然）	16. 题破山寺后禅院（常建）
17. 送友人（李白）	18. 行路难（李白）
19. 月夜忆舍弟（杜甫）	20. 长沙过贾谊宅（刘长卿）
21. 无题·相见时难别亦难（李商隐）	

《唐诗三百首》取材广泛，生动地反映了唐代的社会风貌。请读一读教材中的《唐诗三百首》诗篇，根据诗歌题材内容进行分类，将序号填入相应的表格中。除此之外，你还能想到这一题材的其他诗作吗？翻开《唐诗三百首》，再各举一例。

题材类别	诗歌序号	举例
送别诗		
咏古诗		
边塞诗		
田园诗		
咏物诗		
羁旅诗		
闺怨诗		

四、通读《唐诗三百首》

利用晨读或晚读，每天坚持诵读《唐诗三百首》10分钟以上，你将在其中领略唐朝诗人丰富多彩的生活面貌以及人文情怀。请你为《唐诗三百首》的诗篇作分类，分类方式自拟。

走近"诗圣"杜甫

——《唐诗三百首》主题研读课

【研读目标】

1. 结合杜甫生平经历,对比不同时期诗作内容风格变化,感知其忧国忧民的形象,进而理解杜甫的人生追求。

2. 了解杜甫和李白的友谊,比较二人诗作内容风格异同,把握杜甫现实主义和李白浪漫主义的风格特点。

3. 在品读鉴赏中,渗透阅读策略,引领学生在自主阅读中提升赏读能力。

【研读重点】对比杜甫不同时期诗作的内容风格,感知其忧国忧民的形象,理解其人生追求。

【研读难点】比较杜甫和李白诗作内容风格的不同之处,感受杜甫现实主义和李白浪漫主义的风格特点。

【课前准备】

1. 整理《唐诗三百首》中杜甫的诗作,选出你认为最具代表性的3首,并写下你的理由。

2. 下发"杜甫生平年谱",了解杜甫生平经历,简要记录你的阅读感受。

3. 读一读李白的诗作,思考与杜甫诗歌风格的异同。

【研读过程】

一、导语

杜甫才华横溢,但一生坎坷不尽,他用从未改变的仁心与爱国之情谱写了一篇又一篇震撼人心的华章。

二、我为"杜甫"选诗歌

为纪念杜甫诞辰130年,我校文学社将出一期"杜甫"主题特刊,作为编辑的你需要在《唐诗三百首》中选出3首杜甫的诗歌,让读者更好地了解杜甫其人及其诗作特点。

1. 请几位学生分享所选择的诗歌并说明推荐理由。

2. 细读《望岳》《春望》《登高》三首唐诗,结合你的理解,完成下表。

望岳	春望	登高
岱宗夫如何？ 齐鲁青未了。 造化钟神秀， 阴阳割昏晓。 荡胸生曾云， 决眦入归鸟。 会当凌绝顶， 一览众山小。	国破山河在， 城春草木深。 感时花溅泪， 恨别鸟惊心。 烽火连三月， 家书抵万金。 白头搔更短， 浑欲不胜簪。	风急天高猿啸哀， 渚清沙白鸟飞回。 无边落木萧萧下， 不尽长江滚滚来。 万里悲秋常作客， 百年多病独登台。 艰难苦恨繁霜鬓， 潦倒新停浊酒杯。

诗题	背景	景物	情感	你的发现
《望岳》				
《春望》				
《登高》				

示例：

诗题	背景	景物	情感	你的发现
《望岳》	开元二十三年（735），杜甫到洛阳应进士，结果落第而归。离开长安后，大约三四年里，诗人漫游于山东、河北一带，广交好友。	泰山神奇秀丽的景色和高大雄伟的气势	赞美泰山，昂扬向上、积极进取的远大抱负	从朝气蓬勃到老病孤愁，三首诗歌的不同风格反映了诗人亲历唐朝由盛到衰的情感转变。诗人在不同阶段看到相同景色的心境也会有所变化。年老的诗人，望着满目疮痍的国土，再也没了当初面对泰山的意气风发，只能在寂寞与悲叹中了此残生。
《春望》	天宝十四年，安禄山起兵叛乱，后肃宗即位于灵武（今属宁夏），杜甫闻讯前往投奔，途中被叛军俘获，被押解至长安，因官卑职小，未被囚禁。	国都沦陷、城池残破	忧国伤时，念家悲己的愁绪	
《登高》	此诗写于大历二年（767），杜甫身在夔州，此时安史之乱已结束四年，但地方军阀争夺地盘。杜甫本入严武幕府，但不久严武病逝，杜甫失去依靠，离开成都草堂，南下夔州。五十六岁的杜甫，贫病交加，独自登高临眺。	凄清萧瑟的秋江景象	壮志难酬的感慨，穷困潦倒、老病孤愁的悲凉的心境	

三、"万方多难"成"诗圣"

快速浏览《杜甫大事年表》,结合三首诗歌内容,说说"诗圣"杜甫在你心中留下了怎样的印象?

PPT 出示:

杜甫生平四阶段

1. 20-35 岁:读书与壮游
2. 35-44 岁:困居长安
3. 44-48 岁:陷贼和为官
4. 48-59 岁:漂泊西南

学生发言,谈感受,教师适时归纳提升。

PPT 出示:

在一个晦暗的时代,你是唯一的灵魂。一副肩膀,看似柔弱,却撑起了中国历史上一座文学与道义的高峰,让人远远观望,赞叹不止。

——西川

教师小结:细数杜甫一生,青年时,他仕进无门,困顿十年,方得小职;中年时,山河破碎,流亡颠沛,为人所俘;最后,贫病交加,孤苦而死。他历经沧桑,感悟众生之苦。他的语言客观冷静,仿佛局外人般冷眼旁观,从一种不动声色的叙述中迸发出更为沉重和浓郁的愤懑……

四、杜甫与李白

1. 杜甫善交友,编辑在特刊中设置"杜甫与友人"的栏目,将李白作为友人候选,你觉得合理吗?翻阅《唐诗三百首》,请你找出诗歌来印证杜甫与李白的友谊。

预设:《梦李白(二首)》《天末怀李白》,杜甫因李白流放夜郎心有担忧而作,写诗同情李白遭遇,表达怀想之情。

2. 小组合作,以《登高》(杜甫)和《将进酒》(李白)为例,比较二人诗歌的差异。可从诗歌的风格、思想感情、意象、意境营造、语言特色等任一方面进行分析。

明确:

(1)风格不同

李白诗歌飘逸俊美,杜甫诗歌沉郁顿挫。李白的《将进酒》:"君不见黄河之水天上来,奔流到海不复回",借助气势磅礴的黄河,展现其浪漫主义情怀。杜甫的《登高》:"风急天高猿啸哀,渚清沙白鸟飞回",借哀猿与飞鸟构成的惨淡秋景,营造悲凉的氛围，表现诗人内心凄凉之感。

（2）思想感情不同

在《将进酒》里，李白借酒狂歌："人生得意须尽欢，莫使金樽空对月。天生我材必有用，千金散尽还复来。"虽壮志难酬，但李白没有一般读书人顾影自怜、怀才不遇的情结，反而有着乐观向上的人生态度。诗歌中所展现的独立自由的人格，鄙弃世俗的非凡自信，令人叹服。

在《登高》里，诗人杜甫塑造了一位壮志难酬、老病孤独的主人公形象。这让人不禁联想到杜甫沦落他乡、年老多病的境遇，全诗饱含诗人排遣不尽的羁旅愁与孤独恨，尾联极写诗人备尝艰难潦倒之苦，国难家愁难以排解之悲。

（3）意象组合与意境营造的不同

李白擅于创造富于个性的意象，如奔腾咆哮的黄河、飞翔的大鹏、飞流直下的瀑布、高出天外的山峰，它们都具有超凡的气势、卓尔不群的风格。《将进酒》中"君不见黄河之水天上来，奔流到海不复回"，其气势一泻千里，不可抵挡，足以扫平世间一切不平。

而杜甫伤时忧国的情怀则更多地借助现实物象，加以客观冷静的描述，形成带有浓厚忧郁色彩的意象，如孤舟、哀鸟等。在这些被损弃的物象上，杜甫深沉和忧郁的情思，得以娓娓道来。如《登高》中为表达诗人悲凉的心境，选用了"猿啸""落木"等意象，从而营造萧索、凄冷的氛围。

（4）语言特色的不同

李白追求自由，不受格律约束，他的诗歌常常给人飘然物外的感觉，语言夸张华丽，却无刻意之感。如《将进酒》："君不见高堂明镜悲白发，朝如青丝暮成雪。"

五、学以致用

1. 回顾本节课理解杜甫其人与其诗的方法

预设：（1）对比诗人不同时期诗作的异同；（2）知人论世，梳理诗人的生平经历；（3）比较与其他诗人作品风格的异同……

2. 选择一位你感兴趣的诗人（如王维、孟浩然、李商隐、李白……），运用本节课的方法，探究该诗人的风格特色，并将学习成果撰写成一篇小论文，在班级中交流分享。

"经典咏流传"

——《唐诗三百首》交流活动课

【活动目标】

1. 在交流活动中,整理、表达、碰撞,对《唐诗三百首》进行深度阅读。

2. 吟、品、赏相结合,理解《唐诗三百首》的艺术特色和价值,感受其魅力。

活动内容

活动一:"唐诗·朗读者"

活动准备

1. 学生自主选择一首唐诗,精心准备,录音上传喜马拉雅(创建班级账号)。

2. 结合对诗歌的理解选择配乐并说明理由。

3. 评委组制定朗诵评分标准。

4. 票选班级最优秀诵读作品5-10个,在班级中展示,评委组评出最佳。

活动过程

1. 播放央视"经典咏流传"之《登鹳雀楼》和《将进酒》,感受"和诗以歌"的魅力。

2. 公布喜马拉雅匿名投票结果,上榜学生依次在班级中解说并演绎。

3. 评委组打分,评选出最佳作品。

评分标准示例:

评价角度	具体要求	分值占比
情感	能呈现对诗歌的深刻理解、真挚感受和丰富想象	25%
重音	能通过有效的重音处理,充分地表达诗歌的思想内涵	10%
语气语调	能根据对诗歌内容的理解,用恰当的语气、语调去表达	15%
停连	能恰当地把握停连,在掌握停连的基础上,实现流畅的换气	10%
节奏	能很好地表现诗歌语言的节奏,也能表现内容和感情变化的节奏	15%
体态	能自然得体地朗诵,符合诗歌内容和情感的表达需要	15%
配乐	能帮助听众很快进入诗歌的意境,帮助朗读者很快进入角色、状态	5%
道具	能恰当地借助多媒体、服装等辅助朗诵,达到较好的效果	5%

活动二:"班级唐诗大会"

活动准备

1. 各小组选派一名代表参加现场比赛。

2. 设置题库组,成员以《唐诗三百首》为主,适当扩大范围,增加其他唐诗,参照"中国诗词大会"的出题方式,命制比赛题目,做好保密工作。

3. 确定主持人、评委、记分员、后勤等,保障"班级唐诗大会"顺利举行。

活动过程

1. 抽签决定对战的名单。

2. 学生现场打擂,决出名次。

3. 颁奖表彰。

活动三:"唐诗新义"

任务要求

1. 课后选择一首你喜欢的唐诗,将其改写成一篇短文,文体不限,400字以上。

2. 明确改写要点:

(1) 了解诗人,读懂内容

(2) 填补空白,想象画面

(3) 补充情节,细致描写

3. 评选优秀作品,举办作品展。

4. 师生共读,发现改写的妙义,感受唐诗语言之美。

水浒传

——施耐庵

一、作品介绍

【内容简介】

《水浒传》是中国四大名著之一，类型上属于英雄传奇的章回体长篇小说，讲述的是北宋末年梁山好汉起义的故事。作者或编者一般被认为是施耐庵，现存刊本署名大多有施耐庵、罗贯中两人中的一人，或者两人都有。

小说描写了众多人物在特定环境中的遭遇，被逼上梁山的经历，以及从个体的抗争到团体的反抗再到大范围的起义过程。塑造了一群具有反抗精神的人物形象，反映出北宋末年的社会、政治状况和阶级矛盾，揭示了封建时代"官逼民反"的深刻主题。

《水浒传》呈现的是一种链式结构，每数回出现一个中心人物，集中展现这个人物的经历和性格，形成一个环。同时这一环又与下一环出现的人物和故事相连，环环相扣，各自集中描绘了人物性格的形成和发展，然后把众多人物环串联在一起，汇聚到梁山。

《水浒传》共一百回，从情节来看，大致分为三个阶段：

第一阶段：讲梁山好汉的个人事迹，梁山起义队伍的形成、发展和壮大。

第二阶段：讲梁山好汉聚齐之后的整体事件，以及重要的招安。

第三阶段：讲招安后征辽、田虎、王庆以及打方腊。

第一阶段以人为单位，第二第三阶段以事为单位。

【创作背景】

施耐庵（1296-1371），元末明初人，因不满官场黑暗，不愿逢迎权贵，弃官归隐，开始搜集整理"水浒戏"。明朝建立之初，朝廷多次邀请施耐庵出来协助，为避开纠缠，完成写书夙愿，施耐庵搬到地处偏僻、交通不便的白驹场。《水浒传》是施耐庵在长期民间传说、民间说话艺术和元杂剧的基础上加工创作而成的。后《水浒传》抄本传到朱元璋手中,朱元璋认为是倡乱之书,认定施耐庵心中有谋逆,想要除掉他,就密令当地官吏逮捕他。施耐庵被关押一年多后被释放,后避居并病逝于淮安,时年75岁。

二、实施要求

(一) 任务驱动阅读,消除畏难情绪。

经典名著要求学生要有足够的耐心去阅读,去赏析,去品味。《水浒传》作为中国四大古典名著之一,篇幅长,人物多,又带有文言和地方俗语,对于一般学生而言,看起来会比较辛苦,也会缺少信心。会出现"半途而废""似看非看"或者看了后面忘记前面的情况。因此,要对阅读的时间和进度作合理的安排,并且相对应地布置一些阅读任务,让学生有针对性地阅读,有效果地阅读。计划用10周左右的时间阅读完整本书,每周10回,每周布置与本10回相关联的阅读任务。每周安排一个固定的时间作固定的阅读课,其余利用课余时间自主阅读。

(二) 巧用链式结构,简化繁琐情节。

《水浒传》全书共有一百回,篇幅长,人物多,情节杂,学生容易产生阅读疲劳,会提不起兴趣,也会缺乏完整阅读的信心,直接影响阅读效果。我们可以利用《水浒传》的链式结构特点,简化繁琐的情节,让学生将目光聚焦在一个个人物身上,把阅读单个人物的情节定为一个小的阅读阶段,既可以整理情节,又可以让学生在完成一个个小任务的时候找到成就感,更好地坚持阅读。并且《水浒传》中有一些经典的情节学生比较熟悉,比如《武松打虎》《鲁智深拳打镇关西》等,可以让学生采用聚焦经典情节直奔兴趣点的跳读方式,减轻读整本书的厌烦心理,从而激发他们的学习积极性,降低他们阅读的心理压力。

(三) 多种方式结合,多角度解读文本。

针对《水浒传》篇幅长,阅读难度大的问题,我们可以借助丰富的媒体资源,依靠强大的媒体力量,去查阅各种各样与作品相关的材料,观看精彩的视频,这都有利于学生熟悉人物和故事情节,加强对作品的理解和分析,对主旨的深度解读。同时,轻松活泼的形式也更有助于提高学生对原著阅读的兴趣,还可以让学生发现原著和影视作品的区别,去探寻作者、导演对作品不同处理的理由,从而将名著阅读引入更宽更广的角度去理解。

(四) 结合小说特点,方法多管齐下。

1. 善用阅读方法,集中突破重点。

我们可以根据小说的特点,灵活运用已经学过的阅读方法,有针对性地指导学生看《水浒传》，若要看故事情节发展，可快速浏览；若要看人物塑造的手法，则可细细品味动作、语言、神态、肖像等描写，光《鲁提辖拳打镇关西》一回就足以让人惊叹不已。《水浒传》中还涉及人物绰号、诗词歌赋、方言俚语等内容，有些内容可以省略，有些则要细细去研读。

2. 及时交流反馈，促进进一步阅读。

在自习课或者早读课上，抽选一位同学给大家讲述在家看的《水浒传》中最精彩的一段情节，师生给予补充评价，或者选择一个人物，大家来评论，这样可调动学生积极开展课外阅读的兴趣，拓宽视野，而且有效提高学生的表达能力。

同时，对于读书少或不愿读书的孩子来说，听故事是没有负担的，反而能从讲者的声情并茂中了解情节，认识人物的个性，对所听的故事常能留下深刻的印象，对未讲的故事产生强烈的好奇心，产生爱听的欲望和阅读的兴趣。

可以利用打卡小程序，每天阅读打卡，并发表阅读心得，既能相互监督，又可以在相互交流中获得新的体会，从而促进后面的阅读。

3. 充分利用学生的特长，开展各种活动。

现在的学生各有特长，有的善于演讲，有的善于写作，有的善于画画……我们可以充分利用学生的特长，结合《水浒传》的阅读，开展各种活动。比如开展说书大赛，学生选一段情节精彩的内容进行演说；比如开展《水浒》人物绘展，有画画特长的学生可以根据书中的描写，给自己喜欢的好汉画像；比如开展班级辩论赛，对于有争议的人物或者话题开展一次辩论赛；比如开展为某个人物写传记等活动。多种活动的开展，既是对学生能力的锻炼，又是对《水浒传》阅读的进一步深化，将阅读延伸至更广的空间。

三、导读攻略

1. 在阅读名著之前，对作者及写作背景的有关情况应有所了解（包括作者生平、家庭背景、政治思想、生存状况等），这将有助于对其作品内容的阅读理解。

2. 积累经典语句。名著中都有不少经典语句，积累这些，能够提高学生的文学素养，提升文化品位。如我国四大名著中每一章回的回目，均用对偶句的形式列出，提纲挈领地概括出每一回的内容，记住它们，就记住了章节的主要内容。还有一些名著对人物有高度概括的评语，也应注意积累，如"机关算尽太聪明，反误了卿卿性命"，就是《红楼梦》中评论王熙凤在贾府悲惨下场的诗句。还有一些充满智慧和哲理的名句，比如《水浒传》中"有缘千里来相会，无缘对面不相逢""怒从心上起，恶向胆边生"等，这些句子成为经典广为流传。

3. 制订《水浒传》每周阅读计划[1]。

周次	范围	阅读任务	备注
第一周	第1-12章	1. 用"祈禳瘟疫，误走妖魔"开篇，有何用意呢？ 2. 鲁智深是小说开篇细细描述的人物，请你结合他的经历，简单评价这个人物。 3. 请用思维导图来呈现林冲入梁山的经过（重要人物事件不可略）	
第二周	第13-22章	1. 请你用折线图或流程图展示杨志落草的全过程。（一波三折的情节要凸显） 2. 阅读第16回，说说你从老都管、虞侯等人对杨志的态度读出来什么	
第三周	第23-32章	1. 金圣叹评价武松曰："武松天人者，固具有鲁达之＿＿＿，林冲之＿＿＿，杨志之＿＿＿，柴进之＿＿＿，阮七之＿＿＿，李逵之＿＿＿，吴用之＿＿＿，花荣之＿＿＿，卢俊义之＿＿＿，石秀之＿＿＿者也。"请结合武松替兄报仇的经过以及之后的一系列事件，分别在横线上填上一个字。 2. 孙二娘作为《水浒传》中唯三的女性之一隆重登场，请用几个关键词来形容你对她的第一印象	
第四周	第33-43章	1. 请用思维导图来呈现秦明落草全过程，你如何看待宋江等人断送秦明妻子一家的做法？ 2. 世人皆称李逵为"莽撞人"，金圣叹却评其为"一片天真烂漫到底"，并用《孟子》中"富贵不能淫，贫贱不能移，威武不能屈"盛赞他。你更同意世人对他的定位，还是更倾向于金圣叹对他的评点？请结合相关情节谈谈你的理解	
第五周	第44-51章	1. 作者在这些章节中刻画了一位"精细之人""机警之人"，他是谁？请你在书中勾画其精细和机警。（摘录页码） 2. 水浒故事中的另外两个女英雄也已登场，请用关键词来形容你对她们的印象	
第六周	第52-60章	1. 梁山好汉与呼延灼对垒，呼延灼摆出连环马，梁山好汉则采取访车阵。仔细阅读相关内容，从重量、布阵、战法、优劣、出击（防守）方式、实战等方面对比两种战法。有绘画爱好的同学可以通过图例的形式加以分析。 2. 请概括"三山聚义，众归水泊"的具体过程	

---

[1] 吴欣歆，许艳书册阅读教学现场 [M]．北京：教育科学出版社，2016.

续表

周次	范围	阅读任务	备注
第七周	第61-71章	1. 对比林冲和卢俊义上梁山的情节，辨析其异同，并思考其中的妙处。 2. 金圣叹"腰斩本"《水浒传》以七十回为结，以卢俊义做噩梦，梦见全伙被缚于嵇叔夜作为全书结尾，你认为金圣叹这样做的用意是什么	
第八周	第72-82章	1. 金圣叹评七十五回时说："小人不识时势，坏了多少事体。"请你结合本回或之前所读内容总结一下哪些"小人"做了什么，坏了哪些大事，又是谁来补救的。 2. 金圣叹在点评第八十一回时说道："谈大事，必须一等极伶俐之人，又须一等有主意人。"请根据该回内容，谈谈你对这句话的理解	
第九周	第83-90章	1. 在大战玉田县时，卢俊义与燕青都表现出了其应敌过程中的高超技能与英勇绝伦，请结合书中的故事情节对二人进行分析。 2. 金圣叹点评《水浒传》时说过："自来有心于世者，往往隐遁山林。"在水浒故事中，谁是隐遁山林的有心者？你是否认同他的决定？再列举几位你了解的隐遁山林或与此有关的诗文	
第十周	第91-100章	1. 《水浒传》中有很多"智取"章节，请你就"宋江智取润州城"和"宋江智取宁海军"两章，浅析其"智"之处。（请在备选角度中任选两个：计划之智、组织之智、用人之智、应变之智、语言之智） 2. 你认为造成水浒英雄悲剧的原因是什么，结合全书的内容说说你的理解	

"析情节　品人物"　多种方法读《水浒》

——《水浒传》导读课

【导读目标】

1. 帮助学生梳理故事情节。
2. 通过研读典型片段，学习分析人物形象的方法。

【导读重点】寻找相似情节，辨析情节的异同点。

【导读过程】

一、导入：播放《好汉歌》

这是一首脍炙人口的歌曲，大家都能跟着旋律唱出来，这是电视剧《水浒传》的主题曲，歌词与《水浒传》中的故事情节和人物形象也非常贴切，"生死之交一碗酒哇，路见不平一声吼哇，该出手时就出手哇，风风火火闯九州哇"。接下来我们要开始阅读《水浒传》这本在我国乃至世界文学史上都有重要地位的名著。

有没有同学能介绍一下这本书？

我们先简单了解一下《水浒传》。

二、了解《水浒传》

《水浒传》是中国四大名著之一，主要描写的是北宋末年，以宋江为首的108条好汉在山东梁山泊聚义的故事，类型上属于英雄传奇的章回体长篇小说。作者或编者一般被认为是施耐庵，现存刊本署名大多有施耐庵、罗贯中两人中的一人，或两人皆有。

《水浒传》中也有很多人物为大家所熟悉，比如"宋江、武松、李逵、鲁智深"等，还有许多成语如"逼上梁山""不识泰山""保国安民""不打不相识"等，也都出自《水浒》，可见《水浒传》的影响之大。

我们要读一本书，首先要对这本书的内容有一个大致的了解，要将情节理清楚。

三、梳理情节

1. 借助回目，梳理脉络

《水浒传》有很多版本，每个版本的回目不一样，我们现在看的《水浒传》，基本上是120回的，人物众多，故事情节曲折丰富，而前言和目录可以帮助我们快速了解书本主要内容。目录就是故事的高度浓缩，通过看目录，我们就可以把书本读薄了。

《水浒传》共120个回目，我们可以大致将全书故事情节分为三大部分。

第一部分：第一至第七十一回。写鲁智深、林冲、杨志、宋江、吴用、武松、李逵、石秀、杨雄、卢俊义等一百零八名英雄好汉被逼上梁山的经过，是梁山好汉个人英雄传奇故事。

第二部分：第七十二回至八十二回，写梁山起义军同官军对抗作战，后来又合伙受招安的过程，是梁山事业发展壮大的写照和梁山好汉的集体传奇故事。

第三部分：八十三回至一百回（一百二十回）写梁山义军受招安后奉命征辽、征方腊（一百二十回本包括征田虎、王庆的内容）直至最后失败的经过，是梁山起义的最终悲剧结局。

2. 借助回目，细化情节

运用回目除了将整本书做一个大致的部分划分，我们还可以让情节更加细化，我们可以通过对人物的事件梳理进行。就以杨志为例，请大家找出《水浒传》中有关杨志的回目。

第十二回	梁山泊林冲落草	汴京城杨志卖刀
第十三回	青面兽北京斗武	急先锋东郭争功
第十六回	杨志押送金银担	吴用智取生辰纲
第十七回	花和尚单打二龙山	青面兽双夺宝珠寺
第五十八回	吴用赚金铃吊挂	宋江闹西岳华山
第一一九回	鲁智深浙江坐化	宋公明衣锦还乡

课前已经让大家阅读过这几个回目的内容，我们还可以用思维导图的方法来梳理人物的主要事件，让故事情节更加流畅。请大家根据自己的阅读情况，填写下列这个思维导图。

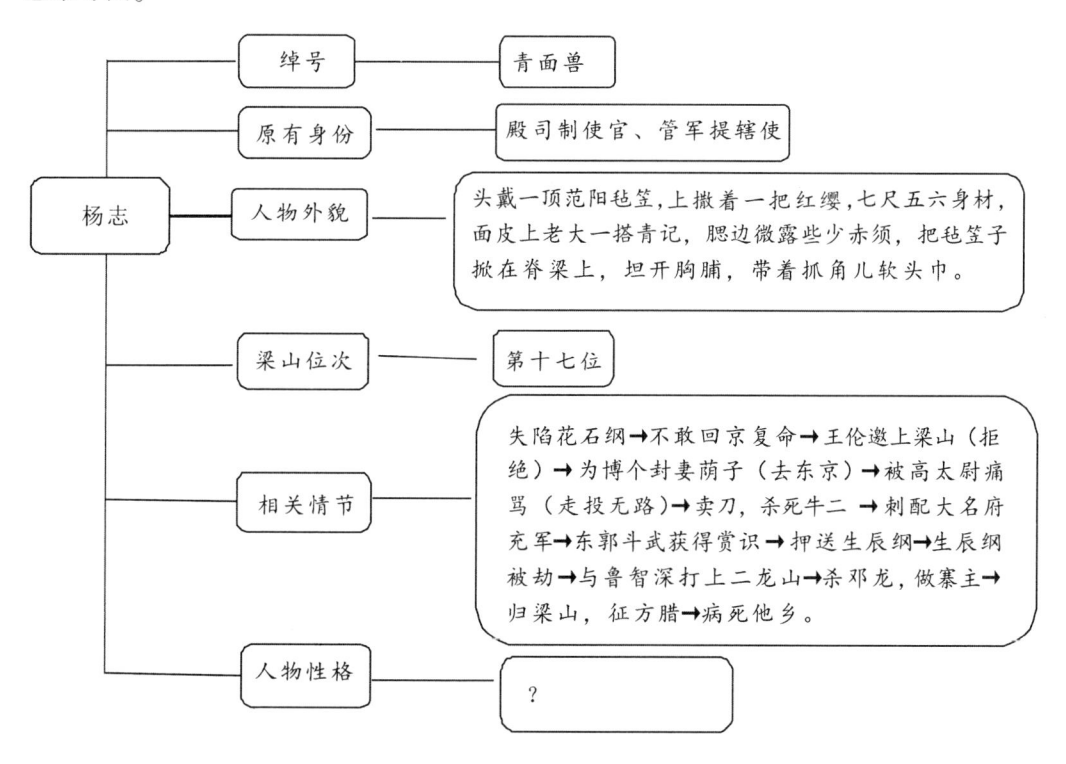

杨志
- 绰号 —— 青面兽
- 原有身份 —— 殿司制使官、管军提辖使
- 人物外貌 —— 头戴一顶范阳毡笠，上撒着一把红缨，七尺五六身材，面皮上老大一搭青记，腮边微露些少赤须，把毡笠子掀在脊梁上，坦开胸脯，带着抓角儿软头巾。
- 梁山位次 —— 第十七位
- 相关情节 —— 失陷花石纲→不敢回京复命→王伦邀上梁山（拒绝）→为博个封妻荫子（去东京）→被高太尉痛骂（走投无路）→卖刀，杀死牛二→刺配大名府充军→东郭斗武获得赏识→押送生辰纲→生辰纲被劫→与鲁智深打上二龙山→杀邓龙，做寨主→归梁山，征方腊→病死他乡。
- 人物性格 —— ?

大家发现没有，前面的那些表格填起来比较轻松，到后面杨志的人物性格分析起来就有点词穷，为什么呢？我们对人物的分析依托文本内容，要对文本内容进行研读，会更加细致和全面。我们就来研读资料中的几个语段以分析杨志的人物性格。

四、分析人物

1. 抓住人物细节描写，精读细节

请结合《杨志押送金银担　吴用智取生辰纲》《梁山泊林冲落草　汴京城杨志卖刀》两个回目中对杨志的描写，分析杨志的人物性格。

（1）追求功名利禄，封妻荫子，"官欲"很强

那汉道："洒家是三代将门之后，武侯杨令公之孙，姓杨名志。""王伦劝俺，也见得是，只是洒家清白姓字，不肯将父母遗礼来点污了，指望把一身本事，边庭上一枪一刀，博个封妻荫子，也与祖宗争口气……"

分析：通过语言描写来凸显人物性格，杨志先报了自己的家门，"三代将门之后，武侯杨令公之孙"，再报上自己的姓名，这里可以看出他对身份和家世的看重。"封妻荫子""与祖宗争口气"直接表达自己对功名利禄的追求和向往。

（2）凶狠暴躁、自负、不善处理人际关系

杨志赶着催促要行，如若停住，轻则痛骂，重则藤条便打，逼赶要行……杨志也嗔道："你两个好不晓事！这干系须是俺的！你们不替洒家打这夫子，却在背后也慢慢地挨。这路上不是耍处！"……杨志道："你这般说话，却似放屁！前日行的须是好地面；如今正是尴尬去处，若不日里赶过去，谁敢五更半夜走？"……杨志跳起来喝道："那里去！且睡了，却理会！"……杨志大骂道："你们省得甚么！"拿了藤条要打。

两个虞侯告诉道："杨家那厮强杀只是我相公门下一个提辖！直这般会做大老！"

分析：通过语言、动作等直接细节描写和侧面描写来凸显人物性格。对杨志"轻则痛骂，重则藤条便打""嗔""喝""大骂"等描写直接看出他性格暴躁、自负、不懂体恤部下。两个虞侯背后嚼舌根也可以看出杨志不会处理人际关系，容易得罪人。

（1）小心谨慎、精明能干

杨志道："你这般说话，却似放屁！前日行的须是好地面；如今正是尴尬去处，若不日里赶过去，谁敢五更半夜走？"

杨志道："都管，你不知。这里正是强人出没的去处，地名叫做黄泥冈，闲常太平时节，白日里兀自出来劫人，休道是这般光景。谁敢在这里停脚？"两个虞侯听杨志说了，便道："我见你说好几遍了，只管把这话来惊吓人！"老都管道："权且教他们众人歇一歇，略过日中行，如何？"杨志道："你也没分晓了！如何使得？这里下冈子去，兀自有七八里没人家，甚么去处，敢在此歇凉！"

分析：通过跟老督管的对话，可以看出杨志小心谨慎、见多识广、精明能干的特点，他对老督管尽管内心不耐烦，但没有向对另外的人那样责骂，耐着性子解释，说

明杨志也是精明能干的。

(2) 敢做敢当、坦荡、有豪气

杨志叫道:"洒家杀死这个泼皮,怎肯连累你们。泼皮既已死了,你们都来同洒家去官府里出首!"

杨志道:"小人原是殿司使,为因失陷花石纲,削去本身职役,无有盘缠,将这口刀在街货卖,不期被个泼皮破落户牛二强夺小人的刀,又用拳打小人,因此一时性起,将那人杀死。众邻舍都是证见。"

分析:杨志杀死泼皮牛儿,不愿连累围观百姓,自己去自首,可以看出他的坦荡和侠义之气。后面百姓帮忙求情送钱,衙役对杨志的态度等也可以侧面看出杨志的侠义之气感染到了周围的人。

(3) 勇气过人,武艺高强

生得七尺五六身材,面皮上老大一搭青记,腮边微露些少赤须;把毡笠子掀在脊梁上,坦开胸脯;带着抓角儿软头巾,挺手中朴刀,高声喝道:"你那泼贼!将俺行李财帛那里去了。"

此时残雪初晴,薄云方散。溪边踏一片寒冰,岸畔涌两条杀气。一往一来,斗到三十来合,不分胜败,两个又斗了十数合。

分析:林冲是八十万禁军总教头,武艺高强,杨志跟他斗了几十回合不分胜败,可以看出杨志也是武艺高强的。杨志知道自己在陌生地方被劫,依然面不改色,"高声喝道",可以看出他毫无畏惧,勇气过人,颇具英雄本色。

2. 关注环境描写,分析其作用

《智取生辰纲》中,有很多对炎热天气的描写:"热气蒸人,嚣尘扑面。万里乾坤如甑,一轮火伞当天。""日色当午,那石头上热了,脚疼走不得。"从环境描写侧面看出押送生辰纲的艰难,可以看出杨志的精明,更可以看出杨志的狠毒和无情。也可以看出吴用一群人的聪明机智。

3. 关注诗词和俗语、俚语

没半碗饭时,只见远远地一个汉子挑着一副担桶,唱上冈子来,唱道:"赤日炎炎似火烧,野田禾稻半枯焦。农夫心内如汤煮,公子王孙把扇摇。"

白胜唱的这首歌,既道出了天气的炎热,也可以从侧面看出白胜演技的精湛,吴用一群人的机智。

4. 借助名家评点

(1) 对于杨志,我们可怜其遭遇,鄙薄其为人。——茅盾

（2）杨志、关胜是上上人物。杨志写来是旧家子弟。——金圣叹

（3）推荐相关书籍：金圣叹贯华堂评点本、孙勇进《漫说水浒》、鲍鹏山《新说水浒》等。

五、寻找情节，辨析异同

《水浒传》中有很多情节有相似的地方，请你找出一个辨析其异同。

如：武松打虎和李逵杀虎。（文本略）

1. 相同点：都是回家探亲的时候打虎；都将老虎杀死。

2. 不同点：

（1）遇虎起因不同：武松为探望兄长，途经景阳冈；李逵接母上梁山，途经沂岭。

（2）杀虎原因不同：武松自卫（或为民）；李逵报仇（为个人）。

（3）杀虎数量不同：武松杀一只；李逵杀四只。

（4）杀虎难度不同：武松在暗处，且醉酒，无防备；李逵在明处，而且是偷袭杀虎，四虎中两只为幼崽，攻击力不强。

（5）杀虎方式不同：武松徒手；李逵使朴刀。

3. 作用：突出武松和李逵二者性格的差异。

六、创意1+1

制作思维导图的方法和样式可以很多，大家不妨多些创意，有效还有趣，说一说，我们还可以用哪些方法来制作思维导图。

选择自己喜欢的人物或感兴趣的情节做思维导图，能突出自己独到的见解，我想，你对《水浒传》的故事情节和人物性格也就会了然于胸了。

鲁智深的"深智"
——《水浒传》研读课

【研读目标】

1. 分析鲁智深的性格特点。

2. 深入理解鲁智深的"智慧"。

3. 结合作者的经历理解《水浒传》的创作。

【研读难点】深入理解鲁智深的"智慧"。

【研读过程】

一、导入：

在《水浒传》的导读课上，我们学习了通过回目和绘制思维导图的方式来梳理情节和了解人物，并且让大家回去绘制《水浒传》108将的人物思维导图，其中有5个是必须完成的。今天，我们就此基础上选择一个人物再深入分析，这个人就是鲁智深。

二、人物形象初析

我们先按照导读课的方法，选出与鲁智深有关的回目。

第三回	史大郎夜走华阴县	鲁提辖拳打镇关西
第四回	赵员外重修文殊院	鲁智深大闹五台山
第五回	小霸王醉入销金帐	花和尚大闹桃花林
第六回	九纹龙剪径赤松林	鲁智深火烧瓦罐寺
第七回	花和尚倒拔垂杨柳	豹子头误入白虎堂
第八回	林教头刺配沧州道	鲁智深大闹野猪林
第十七回	花和尚单打二龙山	青面兽双夺宝珠寺
第五十七回	三山聚义打青州	众虎同心归水泊
第五十八回	吴用赚金铃吊挂	宋江闹西岳华山
第七十一回	忠义堂石碣受天文	梁山泊英雄惊恶梦
第九十九回	花和尚解脱缘缠井	混江龙水灌太原城
第一一九回	鲁智深浙江坐化	宋公明衣锦还乡

我们一起来读一读这些回目。

现在请同学们来展示自己完成的鲁智深的人物思维导图，通过思维导图来重温鲁智深这个人物。

绰号：花和尚

原名：鲁达

别名：鲁提辖

原有身份：经略府提辖

梁山次位：第十三位

人物外貌：

出家前：头裹芝麻罗万字顶头巾，脑后两个太原府纽丝金环，上穿一领鹦哥绿纻丝战袍，腰系一条文武双股鸦青绦，足穿一双鹰爪皮四缝干黄靴。生得面圆耳大，鼻直口方，腮边一部络腮胡须。身长八尺，腰阔十围。

出家后：皂直裰背穿双袖，青圆绦斜绾双头。戒刀灿三尺春冰，深藏鞘内；禅杖挥一条玉蟒，横在肩头。鹭鸶腿紧系脚绷，蜘蛛肚牢拴衣钵。嘴缝边攒千条断头铁线，胸脯上露一带盖胆寒毛。生成食肉餐鱼脸，不是看经念佛人。只见一个胖大和尚，脱得赤条条的，背上刺着花绣，坐在松树根头乘凉。

相关情节：

为救金翠莲父女，三拳打死镇关西，为躲避官府捉拿，到五台山文殊院出家，因醉酒大闹，离开五台山，投奔东京相国寺，途中为解救刘太公之女，大闹桃花村，路经瓦罐寺，遇到史进，一起火烧瓦罐寺，到相国寺，看守菜园子，镇住一群泼皮，倒拔垂杨柳，被泼皮称为"真罗汉"，结识了林冲。知道林冲被陷害，一路跟随，大闹野猪林，解救护送林冲，得罪了高俅，被迫流落江湖，与杨志占据二龙山，落草为寇。与白虎山、桃花山三山共打青州城，归入梁山。大聚义，反招安。跟随宋江被招安，南征北战，后在杭州六和寺出家，圆寂。

人物性格：豪爽、粗中有细、行侠仗义、讲义气、鲁莽……

三、人物形象深析（小智—深智—大智）

我们刚刚说鲁智深的一个突出特点就是粗中有细，也就是他不像表面那么鲁莽、莽撞，其实他是蛮聪明，蛮有智慧的，你看他的名字，鲁智深，也就是有很深的智慧。接下来我们就来分析一下鲁智深的"深智"。

（一）"深智"体现在处理事情的"粗中有细"上

哪些地方体现鲁智深的"粗中有细"

预设：拳打镇关西的时候，鲁提辖打了三拳后发现郑屠户死了，他拔步便走，回头指着郑屠户道："你诈死！洒家和你慢慢理会！"一头骂，一头大踏步去了。鲁提辖回到下处，急急卷了些衣服盘缠，细软银两；但是旧衣粗重都弃了；提了一条齐眉短棒，奔出南门，一道烟走了。

大闹野猪林时候，他一路追随，在酒店里人多眼杂没有动手，等到野猪林的时候再动手。

（二）"深智"体现在他看人看事的"洞察力"上

（1）鲁提辖道："既是史大郎的师父，同和俺去吃三杯。"

李忠道："待小子卖了膏药，讨了回钱，一同和提辖请去。"

鲁达道："谁耐烦等你！去便同去。"

……

鲁提辖道："这个不妨事，俺自有道理。"便去身边摸出五两来银子，放在桌上，看着史进道："洒家今日不曾多带得些出来，你有银子，借些与俺，洒家明日便送还你。"史进道："直甚么，要哥哥还。"去包裹里取出一锭十两银子，放在桌上。鲁达看着李忠道："你也借些出来与洒家。"李忠去身边摸出二两来银子。鲁提辖看了，见少，便道："也是个不爽利的人。"鲁达只把这十五两银子与了金老，吩咐道："你父子两个将去做盘缠，一面收拾行里。俺明日清早来发付你两个起身，看那个店主人！"金老并女儿拜谢去了。鲁达把这二两银子丢还了李忠。

鲁智深第一次跟李忠打照面就能看出李忠的小气、不爽快。"谁耐烦等你""把二两银子丢还给李忠"。除了知道李忠小气，鲁达瞧不上之外，鲁智深也明白李忠为生活所迫的不得已，尽管看不上李忠的小家子气，但也理解他的小气，这里可以看出鲁智深对人观察的透彻，也体现出他的善解人意，能包容自己看不惯的人，鲁智深的胸怀很博大。而后面在桃花山上李忠和周通的表现更可以证明鲁智深看人的精准，李忠的确是小家子的人。

（2）梁山大聚义之后，宋江决定招安。鲁智深说："只今满朝文武，多是奸邪，蒙蔽圣聪，就比俺的直裰染做皂了，洗杀怎得干净？招安不济事，便拜辞了，明日一个个各去寻趁罢。"

鲁智深能一眼看出朝廷的黑暗本质，看得到招安是不济事的。他没有被表面现象所迷惑，能清楚地认识到朝廷的不可靠，这要有很深智慧才会有如此慧眼。

（三）"深智"体现在他做人做事的原则性上

1. 鲁智深很热衷救人，他救了哪些人？而他每次救了人之后都遭遇了什么？

救了金翠莲父女之后，丢了官职，官府追拿；救了刘太公女儿，得罪了李忠和周通；救了林冲，得罪了高俅，离开相国寺，流落江湖，落草为寇；救了史进，被抓进大牢；救了武松，陷入险境。

他在救人的时候，完全不考虑后果，只凭一腔的正义和热血。如果说林冲、史进和武松是他自己的兄弟，为兄弟情义两肋插刀，在情理中，那金翠莲和刘太公女儿跟他什么关系呢？

素昧平生，萍水相逢的人，而且是女人。在《水浒传》中，其他好汉对女人的态度怎么样？宋江杀了阎婆惜，林冲休妻，武松杀了潘金莲，对蒋门神的小妾也是一把抓起来扔进酒缸里，血溅鸳鸯楼的时候，所有女眷也全部被杀害。而鲁智深是救女人最多的人。

林冲杀人是因为自己身家性命受到威胁；武松醉打蒋门神，血溅鸳鸯楼是为了施恩，为了报恩，他们都是为了自己或者身边的人才动手。而只有鲁智深，是真正为了素不相识的人出头。鲁智深的眼里，只要有不平之事都要去打抱不平，只要有人遇到不公，他都要去伸张正义。他的义，不仅仅体现在兄弟的情义，更是一种社会的正义感。能够心存正义，并且为之伸张，是多么难得的品质。在那种混乱的时代，能够保持这种正义感，并且不动摇，不会被周围的环境所影响，内心得有多么坚定的信念，能够坚持这样信念和原则的人，我们不得不说他拥有常人没有的大智慧。有原则有信念的人，需要内心强大，有思想填充，有智慧做后盾，这样的智慧，就是一种大智慧。

（四）"深智"体现在他处世态度的"通达"上

1. 在五台山落发出家的时候

（1）净发人先把一周遭都剃了，却待剃髭须，鲁达道："留了这些儿还洒家也好。"众僧忍笑不住。

鲁智深回到丛林选佛场中禅床上扑倒头便睡。上下肩两个禅和子推他起来，说道："使不得；既要出家，如何不学坐禅？"智深道："洒家自睡，干你甚事？"禅和子道："善哉！"智深喝道："团鱼洒家也吃，甚么'鳝哉？'"禅和子道："却是苦也！"智深便道："团鱼大腹，又肥甜好吃，那得苦也？"

可看出鲁智深反对任何清规戒律，反对任何偶像崇拜，率情任性，不计名利、不做作、不掩饰，"任天而行，率性而动"，保存了一颗"绝假纯真"的"童心"，在经过颠沛流离之后，还能有如此的率真，真是天性通达的人才有这样的心性。

2. 在捉方腊的时候，宋江劝说鲁智深还俗、许诺京官时他们的对话

鲁达："洒家心已成灰，不愿为官，只图个干净去处安身立命。"

宋江："那去京师主持名山大刹，为一僧首，也可光显宗风。"

鲁达："都不要，要多了无用，只要囫囵尸首，便是强了。"

官、名、利都不要，只要一个干净去处安身立命，其他东西都是身外之物，真是洒脱，真是通透。

3. 鲁智深的"佛性"

（1）智真长老先后两次赠给鲁智深的偈语：

第一次是鲁智深离开五台山时的四句偈语："遇林而起，遇山而富，遇水而兴，遇江而止。"（第四回）

第二次是征讨辽东凯旋的途中（第89回）重访五台山时的四句偈语："逢夏而擒，遇腊而执。听潮而圆，见信而寂。"

这第一次是智真长老授意智深先结交林冲，再去梁山水泊投奔宋江。第二次是预示鲁智深生擒夏侯成、方腊，听到潮声、见到潮信就要圆寂。这两处偈语深具"禅"意。

鲁达身上的"特殊"形象具有禅性，他的"深智"还体现在他具有慧根上。

（2）钱塘江上潮信来，鲁智深初解圆寂意思的时候，他的表现。

鲁达笑道："既然死乃唤做圆寂，洒家今已必当圆寂。烦与俺烧桶汤来，洒家沐浴。"

人有智慧，且天机深厚，可不就是智深么？慧根之"慧"不是智力，而是性格，是心灵。有一种智慧来自性格，有一种性格即是智慧。来自性格的智慧，才是最大的智慧。

鲁智深出世通达，作为一个和尚最后能坐化、圆寂，应该也是圆满的。不得不说，鲁智深的"深智"里面，蕴含着佛家的"慧根"，所以才能通达、通透，视世间的名利万物为空。

（五）名人评价

写鲁达为人处，一片热血直喷出来，令人读之深愧虚生世上，不曾为人出力。

——金圣叹

对于杨志，我们可怜其遭遇，鄙薄其为人；对于林冲，我们寄以满腔同情，深惜其认识不够；对于鲁达，我们却除了赞叹，别无可言。

——茅盾

鲁智深原来是一百零八人里唯一真正带给我们光明和温暖的人物。

——乐衡军《梁山泊的缔造与幻灭》

惟大智慧能饶恕，独仁厚能刚大。

——马幼垣

四、走进作者，贴合人物

施耐庵36岁考上进士开始为官，但后与当道不合，就弃官返乡了。后60岁被张士诚聘为军师，但是又由于屡谏不从，因而再次弃官。71岁避战乱迁兴化隐居写《水浒》，虽有明朝开国功臣刘伯温两度上奏举荐为官，朝廷多次征召，他皆托病谢绝圣旨。我们可以看出，写《水浒》时的施耐庵已经看透世事，他寻觅一个四周环水，交通不便，有"自古昭阳好避兵"之说的地方，安度余生。"年荒世乱走天涯，寻得阳山好住家。愿辟草莱多种树，莫教李子结如瓜。"历经坎坷的施耐庵在晚年，只想寻得一个好住处，将自己的思想留下来。深入探寻施耐庵老先生的创作意图，能够更透彻地读懂鲁智深这个人物，领会《水浒》的内涵。

水浒故事中的忠义思想

——《水浒传》交流课

【交流目标】

1. 展示《宋江传》的成果，加深对宋江的认识，引出"忠义"的思想。

2. 从文本语言中找出潜藏的作者关于"忠义"的思考。

3. 引导学生在思想的交流中，加深对小说主旨的理解。

【交流重点】全面理解水浒故事中的"忠义"思想。

【交流过程】

活动一：课前热身——猜猜他是谁

1. "黑熊般一身粗肉，铁牛似遍体顽皮，交加一字赤黄眉，双眼赤丝乱系。怒发浑如铁刷，狰狞好似狻猊，天蓬恶煞下云梯。"（李逵）

2. "生得面圆身大，鼻直口方，腮边一部络腮胡须。身长八尺，腰阔十围。手持一柄禅杖，腰系一把戒刀。粗犷豪放，行侠仗义，嫉恶如仇，粗中有细。"（鲁智深）

3. "万卷经书曾读过，平生机巧心灵，六韬三略究来精。胸中藏战将，腹内隐雄兵。谋略敢欺诸葛亮，陈平岂敌才能。略施小计鬼神惊。"（吴用）

4. 举止得体，风度翩翩。逆来顺受，一身正义，是被逼上梁山的典型代表。（林冲）

5. "眼如丹凤，眉似卧蚕。大耳垂珠，唇口方正。额阔顶平。年及三旬，有养济万人度量；身躯六尺，怀扫除四海心机。气宇轩昂，胸襟秀丽。"（宋江）

活动二：《水浒之宋江传》成果展示

（课前布置以小组为单位写宋江的人物传记）传记要求：以时间为线索，用顺叙手法写。在表达上以记叙为主，有时也可以适当地插入议论。不需要详尽地写出宋江的一生，但也要大致介绍宋江的生平经历，要选取一两个最典型的事例详写，来表现他的主要思想性格特征，透视他的精神世界，要努力保持全面、客观、公正的态度。

《宋江传》要包括以下几个基本方面的内容：

1. 宋江的姓名、性别、籍贯、绰号等
2. 宋江的生卒年月
3. 宋江的贡献、成就
4. 宋江的简历、职务
5. 能反映人物思想风貌本质特征的典型事件，内容要包含以下经历： （1）宋江上梁山前的个人经历。 （2）宋江在发配途中与各路好汉的奇遇以及最终上梁山的经历。 （3）宋江带领梁山进行的几场战役，招降一些好汉上梁山。 （4）原首领晁盖去世后，宋江确立梁山首领地位以及大聚义的故事。 （5）大聚义后与官军的战斗以及受招安。 （6）受招安后南征北战以及宋江的结局 （选择其中一段经历详写）

展示每个小组的成果，并说明本组选择详写宋江某段经历的理由。

小组评价

评价量表

评价项目	A-符合（20-25分）	B-较符合（11-19分）	C-不符合（10分以下）
展现人物的典型事迹			
突出人物的性格特征			
评价全面、客观真实			
符合传记的特点			

教师总结： 作为《水浒传》的主人公，梁山泊的第一把手宋江，他的重要性不言而喻，同学们对他的生平经历了解得很详细，对他的评价也褒贬均有，深浅不一。宋江的确是值得我们去研究的人物，而在他的身上有一个最突出的特点，那就是"忠义"。"忠义"思想也是作者贯彻整本书的主要思想，是《水浒传》的一个最重要主题。

活动三：说"忠"解"义"论水浒：探究《水浒传》中的"忠义"思想

（一）完成任务单

要求：

1. 找出《水浒传》中展现的有关"忠义"的内容。

2. 发现文本语言潜藏的作者关于"忠义"的思考。

3. 评价这些语段所展现的"忠义"思想。

任务单

代表人物 （宋江/其他，可多选）	
典型例子	
我的评价	

（二）各小组展示任务单成果

预设：代表人物——宋江

典型例子：

（1）"晁盖是我心腹弟兄。他如今犯了弥天之罪，我不救他时，捕获将去，性命便休了。"

（2）"我为人一世，只主张'忠义'二字，不肯半点欺心。今日朝廷赐死无辜，宁可朝廷负我，我忠心不负朝廷。"

（3）"只是方腊未曾剿得，宋公明恩义难抛，行此一步未得。今日便随贤弟去了，全不见平生相聚的义气。"

（4）"聚义厅今改为忠义堂。"

（5）（吴用、雷横）望着朱仝便拜，说道："兄长，望乞恕罪！皆是宋公明哥哥的将令吩咐如此……"朱仝道："是则是你们弟兄好情意，只是忒毒些个！"

（6）宋江已知杀了高廉，收军进高唐州城内，先传下将令："休得伤害百姓。"一面出榜安民，秋毫无犯。宋江……却把高廉一家老小良贱三四十口，处斩于市。

评价示例：

1. 宋江的"忠"是对皇帝朝廷尽忠，"义"是对兄弟的情义，但是二者必须有所取舍的时候，宋江会选择"舍义而取忠"，这也就是典型的"忠义两难全"。

2. 宋江的"义"还体现在对百姓的爱戴上，但在面对跟自己有利害冲突的情况时，往往会不择手段，这也可以看出他的残忍，他的"义"是有虚假的"义"，不是真正的正义和公义。

3. "忠义"是宋江用来管理和约束梁山泊众好汉的一种方式，是一种自我标榜的道德口号。

教师总结：对"忠义"的思想有认可和不认可两种观点。

认可"忠义"的是：

1. 《水浒》的"忠义"是"辅国安民""替天行道"。

2. "忠义"体现了梁山好汉反权奸、反贪官污吏的斗争。

3. "忠义"就是"去邪归正","为国出力"。

不认可"忠义":

1. 对钱财的态度不符合"义",抢过来的"义",但更多是用于自己挥霍,没有用于正道之事。

2. 忠义伦理与等级制度和伦理制度的矛盾,水浒排座次从某一程度就否定了兄弟的情义,上梁山的人很多都抛妻弃子,不符合道义。

3. 忠义伦理与其践行者的矛盾,梁山好汉聚在一起反朝廷,最后帮助朝廷打方腊,相当于自己否定了自己。

4. 传统思想上的"忠"与"义"的两难全。

拓展延伸:

《三国演义》中"桃园三结义"成为永恒的经典,刘关张三人的情义也让人动容,《水浒传》中也不乏一见如故的结拜情义,这个"义"也就是后来水浒好汉们所有行动的一面旗帜,它渗透了好汉们的社会理想。《三国演义》还有诸葛亮"出师未捷身先死,长使英雄泪满襟"的激昂大义,《水浒传》中也有鲁达的"打抱不平、仗义疏财"的正义。"义"成为贯穿两部小说的重要思想,请课外查阅资料,比较《三国演义》和《水浒传》中所呈现的"义"的思想。

世说新语

——刘义庆

一、作品介绍

【内容简介】

《世说新语》是一部记录魏晋时期名士言谈、轶事的笔记体短篇小说集,被认为是魏晋南北朝时期"志人小说"的代表作。通常认为,本书由南朝宋刘义庆(403-444年)率领其门客编撰而成。

《世说新语》共八卷,今本作三卷。该书记录了魏晋时期名士们种种奇特的言行举止,被鲁迅先生称为"一部名士底教科书"。该书记载相当丰富真实,能够帮助后世读者了解当时士人所处时代的政治、社会、生活环境,从而对"魏晋风骨"有更深切的感知。

《世说新语》的文学价值也很高。鲁迅先生把它的艺术特色概括为"记言则玄远冷隽,记行则高简瑰奇"(《中国小说史略》)。其语言质朴不加矫饰,有时甚至用的都是口语,然而读起来却感简洁隽永,刻画人物十分传神,深受后人推崇。

【作者简介】

作者刘义庆(403-444),本是宋武帝刘裕之侄,13岁时被封为南郡公,因叔父临川王刘道规没有儿子,便被朝廷过继给刘道规,因此袭封为临川王。史称刘义庆自幼聪敏过人,清心寡欲,爱好文学。当时的名文士如袁淑、陆展、何长瑜、鲍照等人都曾受到他的礼遇。

【创作背景】

宋武帝刘裕对刘义庆恩遇有加,但宋文帝刘义隆即位后,因为担心自己重蹈少帝被弑的悲剧,刚登基便先后杀了大量功臣宗室。在这样严酷的环境下,刘义庆行事不得不加倍小心谨慎。为了全身远祸,他选择远离政治,将自己投身到文学艺术中去,招聚大量文学之士,组织编撰了《世说新语》这样一部清谈之书。

二、实施要求

《世说新语》是一部记录汉末至南朝宋初的社会政治、军事、思想、文化、社会风尚、人文精神风貌与才情的笔记小说集。它以人物为中心，分类叙事，每则故事的篇幅都很短，但情节生动有趣，语言简洁，意味隽永，人物虽繁多但却个性鲜明，实在是不可多得的文学精品。

但是《世说新语》的阅读难度也是很明显的，因为它是一部文言文笔记小说集。这对于文言文阅读积累还很薄弱的初中生来说，是相当难啃的。因此阅读这部作品时，教师事先应进行一定的方法指导，帮助学生尽量在最短的时间内获取尽可能多的信息，得到尽可能深刻的理解。

至于阅读的方法，个人认为可以从这几方面入手：

首先，应扎实掌握课内文言文知识，然后灵活运用。同时学会利用阅读工具，如古代汉语词典，帮助自己更好地进行阅读。

其次，阅读目录，了解结构特色。

阅读书籍正文之前，都应该阅读序言、目录之类内容，从中找出有价值的信息，为接下来开展的阅读活动提供帮助。《世说新语》的目录很明确地将内容分为36门，在阅读时要根据目录小标题对每一门内容做个大致的了解，也有助于明确每一门的阅读重点。

再次，阅读课文导读部分，明确阅读方向。

课文导读部分已经给我们提供了本书的阅读方向。根据这两段文字，我们可以找出一些需重点掌握的关键信息，比如：魏晋风度、简略的叙事风格、语言、笔记小说，从而在阅读时有目的地做好圈点勾画和笔记、批注等。

最后，教师提醒学生查找一定的课外资料，帮助学生更好地理解文中人物的思想、行为，使阅读更有效率。

三、导读攻略

全书阅读建议用时3周，主要采用略读和精读结合的方法，每周的阅读都要完成一定的任务。

现以本人手头的团结出版社版本为例来安排阅读进度。

周次		阅读章节	阅读任务
第1周（略读）	周一	P1-77：德行第一、言语第二、政事第三	1. 了解当时的道德观念侧重点。 2. 感受语言特点
	周二	P78-149：文学第四、方正第五	了解当时的流行思想
	周三	P150-230：雅量第六、识鉴第七、赞誉第八	1. 感受谢安、嵇康等人的性格特点。 2. 了解魏晋时代品评人物的风气以及兴趣爱好
	周四	P231-300：品藻第九、规箴第十、捷悟第十一、夙惠第十二、豪爽第十三、容止第十四	1. 感受人物的语言艺术。 2. 了解当时对各种人的评价。 3. 品味欣赏名人风姿及写法
	周五	P301-349：自新第十五、企羡第十六、伤逝第十七、栖逸第十八、贤媛第十九、术解第二十、巧艺第二十一	1. 体会情节的生动。 2. 了解当时对礼教的不同看法。 3. 欣赏当时的女性形象，并尝试分类
第1周（略读）	周六	P350-423：宠礼第二十二、任诞第二十三、简傲第二十四、排调第二十五、轻诋第二十六	1. 了解名士各种率性而为的言行。 2. 尝试分析各种言行折射出的性格特征
	周日	P424-478：假谲第二十七、黜免第二十八、俭啬第二十九、汰侈第三十、忿狷第三十一、谗险第三十二、尤悔第三十三、纰漏第三十四、惑溺第三十五、仇隙第三十六	1. 了解上层阶级种种恶劣言行。 2. 体会当时社会风气，以及作者隐含的思想倾向
第2周（精读）		容止第十四 贤媛第十九	1. 摘录描写男性外貌特色句子并解释大意。 2. 辨析本章中的女性形象有哪些特点。 3. 尝试分析魏晋时期人们对"美"的看法
第3周（精读）		文学第四 雅量第六 任诞第二十三	1. 摘录魏晋时期人们的思想倾向。 2. 概括当时人的行为特点。 3. 课外查找东汉魏晋南北朝朝代更替过程

走近《世说新语》

——《世说新语》导读课

【导读目标】

1. 初步了解《世说新语》内容和结构特点。

2. 通过几则故事感受作品的艺术特色。

3. 进行简单的方法指导，使学生能够顺利开展阅读活动。

【导读重点】感受作品内容和特色

【导读过程】

一、导入

同学们，我们在七年级曾经学过这样一篇课文：

谢太傅寒雪日内集，与儿女讲论文义。俄而雪骤，公欣然曰："白雪纷纷何所似？"兄子胡儿曰："撒盐空中差可拟。"兄女曰："未若柳絮因风起。"公大笑乐。即公大兄无奕女，左将军王凝之妻也。

哪位同学给我们复述一下这个故事？

学生简答。

是的，这个故事讲了一个聪明的女孩子，她很有才华，深得谢太傅喜爱。其实，这个故事选自一本书，就是《世说新语》。这是怎样的一本书？

二、了解作品

1. 出示资料，了解内容。

> 《世说新语》是一部记录魏晋时期名士言谈、轶事的笔记体短篇小说集，被认为是魏晋南北朝时期"志人小说"的代表作。通常认为，本书由南朝宋刘义庆（403-444）率领其门客编撰而成。该书记载相当丰富真实，能够帮助后世读者了解当时士人所处时代的政治、社会、生活环境，从而对"魏晋风骨"有更深切的感知。

这部书里记录了很多当时的名士，比如：嵇康、何晏。

著名视频网站哔哩哔哩制作了一部纪录片《历史那些事》，其中就有两集关于嵇康和何晏的内容，分别是第5集"魏晋奇葩·傅粉何郎"和第6集"魏晋奇葩·爱豆嵇康"。我们可以看一点片段来做个初步的了解。

视频欣赏：

看了视频之后，大家对这两个人有什么看法？

学生各抒己见。

2. 走进作品，感受特色。

实际上，《世说新语》这部书是很有意思的，有意思在哪儿呢？

资料助读：

《世说新语》以人物为中心，分类叙事，每则故事的篇幅都很短，故事有首尾及高潮迭起的情节，饶有趣味。《世说新语》的文学价值也很高。鲁迅先生把它的艺术特色概括为"记言则玄远冷隽，记行则高简瑰奇"。其语言质朴不加矫饰，有时甚至直接采用口语，简洁隽永，并将记言与记事相结合，刻画人物十分传神，深受后人推崇。

接下来，我们来阅读几则里面的小故事，感受一下它的艺术魅力。

（1）周处年少时，凶强侠气，为乡里所患。又义兴水中有蛟，山中有白额虎，并皆暴犯百姓。义兴人谓为三横，而处尤剧。或说处杀虎斩蛟，实冀三横唯余其一。处即刺杀虎，又入水击蛟。蛟或浮或没，行数十里，处与之俱。经三日三夜，乡里皆谓已死，更相庆。竟杀蛟而出，闻里人相庆，始知为人情所患，有自改意。乃入吴寻二陆。平原不在，正见清河，具以情告，并云欲自修改而年已蹉跎，终无所成。清河曰："古人贵朝闻夕死，况君前途尚可。且人患志之不立，何忧令名不彰邪？"处遂改励，终为忠臣。

（2）陈太丘与友期行，期日中，过中不至，太丘舍去，去后乃至。元方时年七岁，门外戏。客问元方："尊君在不？"答曰："待君久不至，已去。"友人便怒，曰："非人哉！与人期行，相委而去！"元方曰："君与家君期日中。日中不至，则是无信；对子骂父，则是无礼。"友人惭，下车引之。元方入门不顾。

（3）王含作庐江郡，贪浊狼籍。王敦护其兄，故于众坐称："家兄在郡定佳，庐江人士咸称之。"时何充为敦主簿，在坐，正色曰："充即庐江人，所闻异于此。"敦默然。旁人为之反侧，充晏然，神意自若。

3. 请同学们通过小组合作的方式讨论一下，尝试去读懂这几个小故事。

4. 读懂了之后，将其与刚才资料中的特点对照一下，看看是否确实有上述的一些特征。

三、阅读方法指导

从刚才的初步阅读中可以看出，同学们对文章的阅读存在一定的困难，那么，我们应该怎么做，才能更好地去阅读这本书？

1. 扎实掌握课内文言文知识，学以致用。

比如刚才出示的三则短文，除了第二则已经在课堂学习过之外，另外两则都是课外的文章。这是否意味着无计可施？

当然不，正如老师平时强调的那样，很多课外的文章，它的知识点还是出于课内，所以扎实掌握课内的知识，并拓展延伸到课外，是非常重要的一步。

周处年少时，凶强侠气，为乡里所患。又义兴水中有蛟，山中有白额虎，并皆暴犯百姓。义兴人谓为三横，而处尤剧。或说处杀虎斩蛟，实冀三横唯余其一。处即刺杀虎，又入水击蛟。蛟或浮或没，行数十里，处与之俱。经三日三夜，乡里皆谓已死，更相庆。竟杀蛟而出，闻里人相庆，始知为人情所患，有自改意。乃入吴寻二陆。平原不在，正见清河，具以情告，并云欲自修改而年已蹉跎，终无所成。清河曰："古人贵朝闻夕死，况君前途尚可。且人患志之不立，何忧令名不彰邪？"处遂改励，终为忠臣。

王含作庐江郡，贪浊狼籍。王敦护其兄，故于众坐称："家兄在郡定佳，庐江人士咸称之。"时何充为敦主簿，在坐，正色曰："充即庐江人，所闻异于此。"敦默然。旁人为之反侧，充晏然，神意自若。

以上两则短文中，加点词语在课内都是出现过的，只要我们扎实掌握了课内知识点，并学会根据语境灵活运用，课外文言文并不是那么难以理解。

2. 阅读目录，了解结构特色。

在阅读书籍正文之前，我们应该学习先去阅读序言、目录之类内容，从中找出有价值的信息，为接下来开展的阅读活动获得帮助。像《世说新语》的目录安排，就很有意味。

德行第一	德行，指人的道德品行	贤媛第十九	贤媛，指贤淑的女子
言语第二	言语，指人的口才辞令	术解第二十	术解，指精通技艺或方术
政事第三	政事，指政治事务	巧艺第二十一	巧艺，指精巧的技艺
文学第四	文学，指文章博学	宠礼第二十二	宠礼，指宠信和礼遇
方正第五	方正，指正直	任诞第二十三	任诞，指任性放纵
雅量第六	雅量，指宽宏的气量	简傲第二十四	简傲，指简慢高傲
识鉴第七	识鉴，指对人或事物的认识和鉴别	排调第二十五	排调，指戏弄嘲笑
赏誉第八	赏誉，指赏识并赞美人物	轻诋第二十六	轻诋，指轻视和诋毁
品藻第九	品藻，指评论人物高下	假谲第二十七	假谲，指虚假欺诈

续表

规箴第十	规箴，指规劝告诫	黜免第二十八	黜免，指降职、罢官
捷悟第十一	捷悟，指迅速领悟	俭啬第二十九	俭啬，指吝啬
夙惠第十二	夙惠，指早慧	汰侈第三十	汰侈，指极度的奢侈铺张
豪爽第十三	豪爽，指豪放直爽	忿狷第三十一	忿狷，指愤恨、急躁
容止第十四	容止，指仪容举止	谗险第三十二	谗险，指谗言和诽谤
自新第十五	自新，指改过自新	尤悔第三十三	尤悔，指过失和悔恨
企羡第十六	企羡，指企盼仰慕	纰漏第三十四	纰漏，指差错或失误
伤逝第十七	伤逝，指哀念去世的人	惑溺第三十五	惑溺，指沉溺于女色
栖逸第十八	栖逸，指避世隐居	仇隙第三十六	仇隙，指仇怨、嫌隙

大家可以看到，《世说新语》的目录分为德行第一、言语第二、政事第三……惑溺第三十五，仇隙第三十六，总共包含36门，可见每一部分的侧重点都是不同的，阅读时我们应对其分类有初步了解。

同时，根据每一门的用词，可以推断出作者的情感倾向，比如：德行第一、言语第二，一直到纰漏第三十四、惑溺第三十五、仇隙第三十六，很明显三十六门的设置整体呈现出由褒到贬的品评倾向。

同学们在阅读时要结合目录和内容自己进行判断。

3. 阅读课文导读部分，把握阅读重点。

课文附录的自主阅读推荐是这样写的：

《世说新语》是南朝宋宗室临川王刘义庆组织编撰的一部笔记小说，从内容上分"德行""言语""政事""文学""方正"等三十六类，每类收有若干则故事，全书共一千二百多则，每则长短不一。书中所记人物故事，上起汉代，下迄刘宋，而以魏晋为主。这些魏晋名士言则"玄远冷峻"，行则"高简瑰奇"，以"魏晋风度"为后人所追慕。

"语言虽简略，理皆要害"（《史通》）是中国传统史著崇尚的叙事风格。《世说新语》也具有这一优点，语言极为简练传神，每则故事长不过百余字，短则寥寥十数言，而名士们的"言论丰采，跃然纸上，如闻其声，如见其人"。例如书中描写桓伊为此前素不相识的王徽之吹笛："踞胡床，为作三调。弄毕，便上车去。客主不交一言。"直书其事，桓、王二人傲视礼法、洒脱不羁的风度却已朗然可见。《世说新语》虽然并不是全面记录一代史事的"正史"，然而读毕全书，"一代人物，百年风尚，历历如睹"，而这正是其作为一部优秀笔记小说的特殊价值。

根据这两段文字，我们可以找出一些需要我们重点掌握的关键信息，比如：魏晋风度、简略的叙事风格、语言、笔记小说。

（1）笔记小说是《世说新语》的题材特点。

什么是笔记小说？

资料助读：

笔记小说是一种兼有"笔记"和"小说"特征的小说创作形式。"笔记"使其具有散文化特征，既可以叙述，也可以表达观点，而"小说"则是带有故事性的创作。两者结合，记叙空间扩大，形式相对自由，具有明显优势。

（2）品味小说的艺术特色。

艺术特色，也称"表现手法"，是作家、艺术家在创作中所运用的各种具体表现方法的统称。在文学创作中，表现手法具体有叙述、描写、烘托、渲染、夸张、讽刺、抒情、议论、对比等。

艺术特色是一个非常广泛的概念，同学们在阅读时要及时做好摘记、批注，力争对文章内容和语言特色有自己独到的理解，并且能感受到作者笔下形形色色的人物鲜明个性。

四、作业

1. 精读"容止"篇，找出作品中的外貌描写，尝试概括魏晋南北朝时期人们对"美"的追求的侧重点。

2. 精读"贤媛"篇，感受作者笔下的女性特色。

追寻魏晋之"美"

——《世说新语》研读课

【研读目标】

1. 通过分析作品中人物外貌描写的例子，尝试概括魏晋南北朝时期人们对"美"的追求的侧重点。

2. 将"贤媛"篇中的女性进行比较，感受魏晋时期女性之"美"。

【研读重点】了解魏晋时期对"美"的看法与态度。

【研读难点】对谢道韫的认识。

【研读过程】

一、导入

什么是美？

苏格拉底说："美是难的。"苏格拉底认为，美不是美的具体事物，美是理念。

庄子云："天地有大美而不言。"

由此可见，对美的认定很难有一个统一的标准。同样的，在几千年的文明史中，我国对美女的认定标准也在不停地变化。

> **诗经·国风·卫风·硕人**
>
> 硕人其颀，衣锦褧衣。齐侯之子，卫侯之妻。东宫之妹，邢侯之姨，谭公维私。
>
> 手如柔荑，肤如凝脂，领如蝤蛴，齿如瓠犀，螓首蛾眉，巧笑倩兮，美目盼兮。

> **墨子·兼爱**
>
> 昔者楚灵王好士细腰，故灵王之臣皆以一饭为节，胁息然后带，扶墙然后起。比期年，朝有黧黑之色。
>
> **韩非子·二柄**
>
> 楚灵王好细腰，而国中多饿人。

出示张萱的《虢国夫人游春图》《捣练图》和周昉的《簪花仕女图》《挥扇仕女图》。

问：观看以上材料之后，请说说先秦时期和唐朝的女性美分别有什么侧重点？

那么，在《世说新语》记载的东汉魏晋南北朝时期，女性美又有怎样的定义？

二、活动一：《世说新语》中的女性之美

1. 请大家展示自己找到的关于魏晋女性"美"的例子。

示例：王明君姿容甚丽；发委藉地，肤色玉曜。

问：这两句对女性美的描写，侧重点在哪？

明确：外貌。

问：纵观"贤媛"整篇，对女性外在美的描写，只找到这两则，说明了什么问题？

2. 既然外在美不是重点，那么女性之美，又体现在何处？

阅读材料，思考：

汉元帝宫人既多，乃令画工图之，欲有呼者，辄披图召之。其中常者，皆行货赂。王明君姿容甚丽，志不苟求，工遂毁为其状。

陶公少时，作鱼梁吏，尝以坩鱼差饷母。母封鱼差付使，反书责侃曰："汝为吏，以官物见饷，非唯不益，乃增吾忧也。"

许允妇是阮卫尉女，德如妹，奇丑。……许因谓曰："妇有四德，卿有其几？"妇曰："新妇所乏唯容尔。然士有百行，君有几？"许云："皆备。"妇曰："夫百行以德为首。君好色不好德，何谓皆备？"允有惭色，遂相敬重。

山公与嵇、阮一面，契若金兰。山妻韩氏，觉公与二人异于常交，问公，公曰："我当年可以为友者，唯此二生耳。"妻曰："负羁之妻亦亲观狐、赵，意欲窥之，可乎？"他日，二人来，妻劝公止之宿，具酒肉。夜穿墉以视之，达旦忘反。公入曰："二人何如？"妻曰："君才致殊不如，正当以识度相友耳。"

桓车骑不好着新衣，浴后，妇故送新衣与。车骑大怒，催使持去。妇更持还，传语云："衣不经新，何由而故？"桓公大笑，着之。

问：汉魏晋女性之美，美在何处？

（预设答案：品德、才华、见识，独立意识等。）

由以上几则材料可以看出，汉魏晋时期对女性的内在美是很看重的。这一点在一个人身上，尤为突出。

3. 认识谢道韫。

（1）欣赏屏幕出示的今人所绘谢道韫相关图片，说说你对谢道韫的初步认识。

（2）《世说新语》中，也有多则关于谢道韫的小故事，如：

谢太傅寒雪日内集，与儿女讲论文义。俄而雪骤，公欣然曰："白雪纷纷何所似？"

兄子胡儿曰："撒盐空中差可拟。"兄女曰："未若柳絮因风起。"公大笑乐。即公大兄无奕女，左将军王凝之妻也。

王凝之妻谢氏，字道韫，安西将军奕之女也，聪识有才辩，叔父安尝问："《毛诗》何句最佳？"道韫称："吉甫作颂，穆如清风，仲山甫永怀，以慰其心。"安谓有雅人深致。

王江州夫人语谢遏曰："汝何以都不复进？为是尘务经心，天分有限？"

王凝之谢夫人既往王氏，大薄凝之。既还谢家，意大不说。太傅慰释曰："王郎，逸少之子，人才亦不恶，汝何以恨乃尔？"答曰："一门叔父，则有阿大、中郎。群从兄弟，则有封、胡、遏、末。不意天壤之中，乃有王郎！"

谢遏绝重其姊，张玄常称其妹，欲以敌之。有济尼者，并游张、谢二家，人问其优劣，答曰："王夫人神情散朗，故有林下风气；顾家妇清心玉映，自是闺房之秀。"

问：读了这五则关于谢道韫的记载，你对谢道韫有何评价？

预设答案：有才华、有傲气、有神韵。

问：谢道韫这样优秀的女性，她的出现与整个时代特点是否有一定关联？

三、活动二：《世说新语》中的男性之美

1. 学生交流找到的关于男性的外貌描写，并据此说说魏晋时人对外貌的看法。

2. 讨论：《世说新语》中对男性的外貌描写侧重哪些方面？

教师出示范例。如：

时人目夏侯太初朗朗如日月之入怀，李安国颓唐如玉山之将崩。

有人叹王恭形茂者，云："濯濯如春月柳。"

嵇康身长七尺八寸，风姿特秀。见者叹曰："萧萧肃肃，爽朗清举。"或云："肃肃如松下风，高而徐引。"山公曰："嵇叔夜之为人也。岩岩若孤松之独立；其醉也，傀俄若玉山之将崩。"

裴令公目王安丰："眼烂烂如岩下电。"

王夷甫容貌整丽，妙于谈玄，恒捉白玉柄麈尾，与手都无分别。

王右军见杜弘治，叹曰："面如凝脂，眼如点漆，此神仙中人。"

预设答案：侧重于肤色白皙、眼睛以及风姿超然的神韵。

3. 阅读示例，分析《世说新语》一书，刻画人物用了哪些方法？

示例：

潘岳妙有姿容，好神情。少时挟弹出洛阳道，妇人遇者，莫不连手共萦之。左太冲绝丑，亦复效岳游邀，于是群妪齐共乱唾之，委顿而返。

王丞相见卫洗马，曰："居然有羸形，虽复终日调畅，若不堪罗绮。"

王大将军称太尉："处众人中，似珠玉在瓦石间。"

答案预设：作者在描写人物时，既侧重描写身体的某一部分，又注重描绘气质神韵，同时还善于运用对比和侧面烘托的手法，因此，尽管篇幅短小，但是刻画出的人物却是各有特色富有神韵的。

小结：在《世说新语》全书中，专门开辟了一个章节用来描述男性之美，可以看出，这个时代对男性的外貌和精神风貌的美感的追求是十分注重的。这是时代的特点，这个时代对人类之美的追求，其实是人的自我意识觉醒。人不再只是政治、社会的附属品，人之所以为人，是因为人本身的美。顺应时代趋势，这样的时代产生谢道韫这样的女性，是自然而然的。

四、作业布置

1. 阅读《孔雀东南飞》和《木兰诗》，分析其中的女性形象。

2. 精读"文学""雅量""任诞"章，概括魏晋时期比较流行的思想，感受魏晋名士的行为特点。

遥感"魏晋风度"

——《世说新语》交流课

【交流目标】

1. 通过对"文学"章、"雅量"章和"任诞"章的解读，初步感受"魏晋风度"的特点。

2. 探究造成"嵇康之死"的原因，对形成"魏晋风度"的时代因素有一定的理解。

【交流重点】初步了解"魏晋风度"的特点。

【交流难点】对"嵇康之死"的原因的探究。

【交流过程】

一、导入

谈到《世说新语》，必然提到"魏晋风度"；而提到"魏晋风度"，有一个名字是无法绕过的，那就是嵇康。以嵇康为代表的一代名士风范被鲁迅誉为"魏晋风度"，成为中国思想史上一个无法绕开的话题。他是那个时代的文化符号，是后世高山仰止一般的存在。

那么，什么是"魏晋风度"？嵇康又是怎样一个人？

二、何谓"魏晋风度"？

交流一：根据以下提供的材料，列出能够代表"魏晋风度"的关键因素，并尝试给"魏晋风度"下一个简单的定义。

> "刘伶恒纵酒放达，或脱衣裸形在屋中。"
>
> "王仲宣好驴鸣，即葬，文帝临其丧，顾语同游曰：'王好驴鸣，可各作一声以送之。'赴客皆一作驴鸣。"
>
> "阮籍，嗜酒……酣饮为常……醉六十日。"
>
> "王逸少作会稽，初至，支道林……论《庄子·逍遥游》。支作数千言，才藻新奇，花烂映发。王遂披襟解带，留连不能已。"
>
> "殷仲堪云：'三日不读《道德经》，便觉舌本间强。'"
>
> "嵇康身长七尺八寸，风姿特秀。……山公曰：'嵇叔夜之为人也，岩岩若孤松之独立，其醉也，傀俄若玉山之将崩。'"
>
> "王右军见杜弘治，叹曰：'面如凝脂，眼如点漆，此神仙中人。'"
>
> "嵇中散临刑东市，神气不变，索琴弹之，奏《广陵散》。"
>
> "桓公伏甲设馔广延朝士，因此欲诛谢安、王坦之。王甚遽，问谢曰：'当作何计？'谢神色不变。……王、谢旧齐名，于此始判优劣。"

关键词：

定义：

预设答案：

关键词：醉酒、裸袒、学驴叫——行为放纵；佛学、老庄——重清谈、思辨；重外貌、风姿；从容的气度和雅量。

定义：魏晋风度是指魏晋时期名士们表现出来的风度。清谈、喝酒、行为放纵、追求从容、讲究外貌，都是它的表现形式。

三、探究"嵇康之死"

作为"魏晋风度"的代表人物，《世说新语》中记载了嵇康临刑时的场景：

> 嵇中散临刑东市，神气不变。索琴弹之，奏广陵散。曲终曰："袁孝尼尝请学此散，吾靳固不与，广陵散于今绝矣！"太学生三千人上书，请以为师，不许。文王亦寻悔焉。

问：究竟是什么导致了一代名士嵇康这样的结局？

交流二：阅读下列材料，结合之前的学习内容，用示意图表示导致嵇康悲剧结局的几个因素。

材料出示：

嵇康为曹魏姻亲，娶长乐亭公主为妻。

正始元年（240年），少主曹芳即位，他的叔叔曹爽与元老司马懿一道辅政。曹氏与司马氏两大政治集团矛盾日益激化。正始十年（249年），司马懿趁曹爽陪曹芳离开洛阳至高平陵扫墓之机，起兵政变，并控制了京都。在随后的大规模政治清洗中，前后被杀者多达数千人，天下震动。从此以后，司马氏家族全面掌控了曹魏的军政大权。

据虞预《晋书》记载，景元三年（262年）时，嵇康的好友吕安妻子被兄长吕巽淫辱，而吕巽先发制人反诬吕安不孝，嵇康为吕安作证，"义不负心，保明其事，安亦至烈，有济世志力"，却被牵连，两人一并被处死。

山涛举其为官被嵇康拒绝，嵇康写下《与山巨源绝交书》，在文中说自己"非汤武而薄周孔"。

嵇康提出"越名教而任自然"，意指超越儒家的各种伦理纲常束缚，任人之自然本性自由伸展。

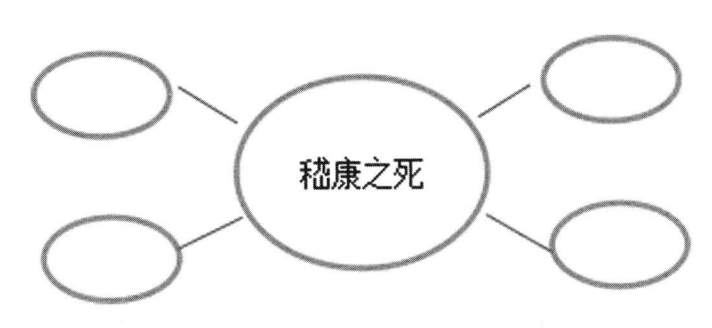

（注：圆圈可自行增加）

预设答案：反对名教、拒绝与统治集团合作、与曹魏关系亲密、得罪小人、影响力太大、受朋友牵连等。

"嵇康之死"后续：

嵇康死后，阮籍入朝做官，终日与酒为友；山涛尽心尽力，成了晋朝的开国功臣；向秀投身文学，研读老庄；阮咸远离朝政，自娱自乐；刘伶放浪形骸，独善其身；王戎出仕伐吴，成就功名。竹林七贤，作鸟兽散。

注：竹林七贤指的是三国魏正始年间（240-249），嵇康、阮籍、山涛、向秀、刘伶、王戎及阮咸七人，先有七贤之称。因常在当时的山阳县（今河南辉县一带）竹林之下，喝酒、纵歌，肆意酣畅，世谓七贤，后与地名竹林合称。

交流三：从嵇康之死的影响来看，形成"魏晋风度"的深层原因是什么？

影响因素	变化	心态	具体表现
政治	政治黑暗、朝代更替频繁、士人被大规模清洗	恐惧死亡、远离政治	寄情山水、醉酒、吃药，消极对抗黑暗社会
思想	儒家思想失去市场	信仰崩塌、治国梦想破灭	蔑视名教崇尚自然、爱清谈、玄学盛行，重塑人格精神

四、小结：

魏晋风度究竟是什么？是大一统之后又分裂的帝国知识分子惶恐无依而被迫寻找依附的困境；是曾经信奉如天道的儒教破灭后的迷茫；是将哲学老庄思想引入日常后的大众流行。清谈、服药、纵酒，是魏晋风度具象化的外在形式。

魏晋之风骨、气节又是什么呢？是嵇康的以死守志，是阮籍的放纵自我，追求自我，是陶渊明的采菊东篱，悠然南山。魏晋风骨影响着一代又一代的中国士人，书写着中国士人的历史。

聊斋志异

——蒲松龄

一、作品介绍

蒲松龄的《聊斋志异》是一部文言短篇小说集,几乎包含了中国古代文言短篇小说的所有形式。既有记述奇闻轶事的志怪短书,如《骂鸭》《种梨》等;也有记述亲闻亲见的纪实性小品,如《地震》《偷桃》;还有具有鲜明人物形象、完整故事情节的短篇小说,如《婴宁》《小翠》等。

郭沫若对其评价为"写鬼写妖高人一等,刺贪刺虐入木三分"。的确,一方面,《聊斋志异》中最有特色的是那些描写狐鬼花妖的故事,尤其是写狐妖的。蒲松龄以其非凡的文学才能,塑造了众多生动的狐妖形象,创造了无数美丽的艺术画面,传统文化中的狐妖素材几乎被其运用到极致。她们笑得纯真,如婴宁,天然之笑,如空谷幽兰;她们爱得坚定,像红玉,历经磨难,对所爱终是不离不弃;她们懂得感恩,似小翠,受人滴水之恩,不忘涌泉相报。另一方面,《聊斋志异》是蒲松龄"浮白载笔"写成的"孤愤之书"。他所创造的奇异世界中,充满了人间气息,充满了现实生活的血肉;所提出的问题,涉及重大的社会矛盾,反映了广泛的社会人生。

蒲松龄在广泛搜集民间传说的基础上,加工、创作了近五百篇各式各样内容的作品。整部作品表现的思想是个复杂的整体,不同的作品体现了不同的思想倾向。但在这一复杂的整体中,还是有一种占主导地位的思想倾向,那就是儒家思想。蒲松龄自小受的是严格的儒家教育,读的是《四书》《五经》,尊的是孔、孟之道,他自称是"仲尼之徒",儒家思想在其头脑中根深蒂固。因而,在《聊斋志异》中,便有大量的作品宣扬了儒家思想中的孝、悌、信、义等要素。

二、实施要求

(一) 化整为零,计划阅读

名著阅读是一个长期的过程,没有计划、无目的地去读,是收不到良好效果的。

且《聊斋志异》作为一部文言短篇小说集，共12卷，每卷均有40余篇短篇小说，全书共有短篇小说近500篇，内容庞杂，阅读量极大。何况有些篇幅较长，内容艰深，如果一开始就让学生去读，很可能使学生产生畏惧的心理。

所以，教师在一开始便要制订较为详尽的阅读计划，化整为零，将整本书阅读分解为若干个小任务，有计划、有步骤地引导学生阅读《聊斋志异》。在阅读时间和进度上，能做到课内课外相结合，每周针对学生的阅读内容，安排一课时的名著阅读课。鉴于此，此书的阅读计划在整本书阅读的基础上，展开专题阅读。每周进行一专题的阅读与自主探究，并结合名著阅读课堂指导，对学生该专题的学习进行进一步的深化。具体阅读专题安排如下：

第一周次："狐妖"专题。要求学生在阅读第一卷至第四卷的过程中，着重阅读与"狐妖"有关的篇章，如：《娇娜》《婴宁》《辛十四娘》《狐谐》等篇章。

第二周次："社会现实"专题。要求学生在阅读第五卷至第九卷的过程中，着重阅读探究与"社会现实"有关的篇章，并回顾前四卷中的相关篇章，如：《黑兽》《罗刹海市》《促织》《司文郎》等篇章。

第三周次："儒家思想"专题。要求学生在阅读第十卷至第十二卷的过程中，着重阅读探究与"儒家思想"有关的篇章，并回顾前几卷中的相关篇章，如：《席方平》《雨钱》《酒狂》《郭生》等篇章。

（二）化零为整，群像探究

作为一部短篇小说集，《聊斋志异》内容庞杂，塑造了无数个性鲜明的人物形象，而其复杂的人物、繁多的情节，也为学生的阅读设置了无形的障碍，大部分学生往往看过就忘，记忆零散，不能形成较为系统的整体。因此，如何化零为整，引导学生进行人物群像的探究显得尤为重要。

在将近500篇的小说中，写狐或涉及狐的就占了六分之一。作者蒲松龄用多种多样的手法，塑造了一大批具有鲜明个性的"狐妖"形象，如婴宁、娇娜、辛十四娘、青凤等。我们可以从"狐妖"婴宁形象的个性研读出发，引导学生进而研读其余"狐妖"形象，并在"碎片化"研读的基础上，进行"化零为整"，归纳狐妖形象的共性，对《聊斋志异》中的狐妖形象进行群像探究，由此形成较为系统的"狐妖"整体印象。

（三）方法指导，精略结合

《聊斋志异》出现于人教版九年级上册教材第六单元中，为自主阅读推荐部分。该部分将重点引导学生阅读古代白话小说，因此首先便要提醒学生注意几个阅读方面：第一，把握题材特点；第二，了解古代白话小说的艺术手法；第三，分析人物形象；

第四，体会语言风格。结合以上四个方面，再进行具体阅读方法的指导。

1. "不求甚解"

《聊斋志异》是一部文言白话小说，因而我们在阅读过程中，必然会碰到许多阅读障碍。如果一一停下，查阅相关语义，那么就会极大影响我们的阅读进度。因此，"不求甚解"是我们阅读文言白话小说的重要方法之一。比如对《聊斋志异》中一些难解的文言字词，我们可以暂且跳过，这并不影响我们对整篇文章内容的理解。

2. "精读精品"

在"不求甚解"的同时，针对其中的精彩之处，也需要精读精品。如果说"不求甚解"的着眼点是全篇；那么精读精品的目的便在细微之处。前者可以提高学生的阅读速度与效率，后者则能促使学生将文章读深读透。比如在阅读《婴宁》一文时，便可以抓住一个"笑"字，进行精读精品。从中不仅可以读出婴宁的性格特点，更可以深入探究作者的写作意图。

三、导读攻略

【阅读安排】

《聊斋志异》名著阅读课预计每周一节（每周五上一节），共三节，所需时间为21天左右，按照课程的进度与要求，具体安排可参见下表：

时间安排	阅读进度		阅读任务
第一周次	周一	自序、目录及第一卷	了解小说的题材特点、写作背景及缘由、大致内容
	周二	第二卷	以"狐妖"的形象为阅读重点，有意识地对"狐妖"形象进行大致的梳理
	周三	第三卷	
	周四	第四卷	
	周五	重点篇目回读：《娇娜》《婴宁》	能具体赏析具有代表性的"狐妖"形象；对"狐妖"的系列形象有一个整体印象
	周六	重点篇目回读：《青凤》《莲香》	
	周日	重点篇目回读：《红玉》《辛十四娘》等	
第二周次	周一	第五卷	能在阅读过程中，还原并大致描述当时的社会背景；对作者的情感态度有一个初步感知
	周二	第六卷	
	周三	第七卷	
	周四	第八卷	

续表

时间安排	阅读进度		阅读任务
第二周次	周五	重点篇目回读：《促织》《黑兽》	能在阅读过程中，还原并大致描述当时的社会背景；对作者的情感态度有一个初步感知
	周六	重点篇目回读：《冤狱》《罗刹海市》等	
	周日	重点篇目回读：《梦狼》《司文郎》等	
第三周次	周一	第九卷	以"书生"形象为基础，对书本内容进行归类梳理，概括书生的类型
	周二	第十卷	
	周三	第十一卷	
	周四	第十二卷	
	周五	重点篇目回读：《席方平》《雨钱》等	能结合《论语》中的相关语句，具体赏析篇目中的儒家思想；结合作者的人生经历，思考本书的思想内涵
	周六	重点篇目回读：《胭脂》《黄英》	
	周日	重点篇目回读：《酒狂》《郭生》	

【阅读指导】

根据整本书阅读计划的开展，以及具体课时的指导安排，本书的阅读预计在三周内完成，在阅读的过程中，应该注意对以下几个方面的把握，这也是阅读该类古代白话小说的基本要求：

1. 把握题材特点。

2. 了解古代白话小说的艺术手法。

3. 分析人物形象。

4. 体会语言风格。

学生每一周的阅读，都将以阅读任务单的方式进行阅读指导，具体如下：

（一）第一周阅读任务单

第一周阅读任务单	
计划阅读时间	一： 二： 三： 四： 五： 六： 日：
实际阅读时间	一： 二： 三： 四： 五： 六： 日：
阅读完成度	（ ）%

续表

第一周阅读任务单		
阅读兴趣	感兴趣□　　　　一般□　　　　没兴趣□	
^	最感兴趣的篇章	
^	原因	
思考探究	1. 小说的题材有什么特点？写作的背景及缘由是什么？ 2. 如何阅读古典小说？ 3. 你能概述狐妖的共性是什么吗？ 4. 作者刻画这些狐妖形象的意图是什么？	
阅读方法	我运用的阅读方法	
^	原因	
任务完成度	能掌握阅读古典小说的基本方法	☆☆☆☆☆
^	能赏析具体狐妖的形象特点	☆☆☆☆☆
^	能对狐妖形象进行相关整合	☆☆☆☆☆
^	能探究作者刻画这些狐妖形象的意图	☆☆☆☆☆

（二）第二周阅读任务单

第二周阅读任务单		
计划阅读时间	一：　二：　三：　四：　五：　六：　日：	
实际阅读时间	一：　二：　三：　四：　五：　六：　日：	
阅读完成度	（　）%	
阅读兴趣	感兴趣□　　　　一般□　　　　没兴趣□	
^	最感兴趣的篇章	
^	原因	
思考探究	1. 如何抓住线索，概述文章的情节？ 2.《聊斋志异》中，作者描绘了一个怎样的社会现实？ 3. 作者对当时的社会环境，持一种怎样的态度？	
阅读方法	我运用的阅读方法	
^	原因	

续表

第二周阅读任务单		
任务完成度	能抓住线索，概括情节	☆☆☆☆☆
	能通过人物形象研读，探究具体篇章的主题	☆☆☆☆☆
	能综合具体篇章，体会作者的情感倾向	☆☆☆☆☆

（三）第三周阅读任务单

第三周阅读任务单		
计划阅读时间	一： 二： 三： 四： 五： 六： 日：	
实际阅读时间	一： 二： 三： 四： 五： 六： 日：	
阅读完成度	（　）%	
阅读兴趣	感兴趣□　　　一般□　　　没兴趣□	
	最感兴趣的篇章	
	原因	
思考探究	1. 请概述蒲松龄的人生经历。 2.《聊斋志异》中描写了哪几类"书生"形象？ 3.《聊斋志异》中的哪些篇章，可以引用《论语》中的语句进行评价？ 4.《聊斋志异》体现了哪些儒家思想	
阅读方法	我运用的阅读方法	
	原因	
任务完成度	能概述蒲松龄的人生经历及创作历程	☆☆☆☆☆
	能对"书生"形象进行梳理归类	☆☆☆☆☆
	能运用《论语》对具体篇章进行评价	☆☆☆☆☆
	能探究《聊斋志异》中的儒家思想	☆☆☆☆☆

写鬼写妖高人一等

——《聊斋志异》导读课

【导读目标】

1. 能在赏析婴宁形象特点的过程中,学习阅读古典小说的基本方法。

2. 能对"狐妖"形象进行相关整合,概述其共性。

3. 能结合具体内容,探究作者刻画这些"狐妖"形象的意图。

【导读重点】

1. 在赏析婴宁形象特点的过程中学习阅读古典小说的基本方法。

2. 整合"狐妖"形象并概述其共性。

【导读难点】结合文本具体内容,探究作者刻画"狐妖"形象的意图。

【导读过程】

一、方法导入,初读"聊斋"

1. 同学们,常言道:"读书须得其法"。读不同的书,当然也有不同的方法。《聊斋志异》作为文言小说的巅峰作品之一,我们在阅读时,应该从哪几方面入手?

【答案预设】

(1) 把握题材特点。

(2) 了解古代白话小说的艺术手法。

(3) 分析人物形象。

(4) 体会语言风格。

2. 请同学们快速浏览本书的目录及序言,思考:《聊斋志异》的题材特点是什么。

【答案预设】

(1) 是一部志怪小说:

"才非干宝,雅爱搜神;情类黄州,喜人谈鬼。"

——《聊斋志异·序言》

(2) 是一部文言短篇小说集:

"闻则命笔,遂以成编。"

"集腋为裘,妄续幽冥之录。"

——《聊斋志异·序言》

3. 同学们，《聊斋志异》的鬼狐形象达到了极高的艺术境界，产生了同类作品难以企及的艺术魅力。"写鬼写妖高人一等"，便是著名作家郭沫若对其评价。现在，就让我们运用相关的阅读方法，对"狐妖"这一形象进行探究。

二、方法一：不求甚解，看情节

1. 《聊斋志异》是一部文言白话小说，因而我们在阅读过程中，必然会碰到许多阅读障碍。那么应该如何应对呢？请借助下列表格进行梳理（表格可根据需要延长）。

序号	阅读障碍	如何应对
1		
2		
3		

【答案预设】

序号	阅读障碍	如何应对
1	文言字词的含义不理解	借助注释；暂且跳过
2	语句含义并不能通顺理解	借助注释；暂且跳过；联系上下文
3	对部分具有时代、地域色彩的名词并不理解	暂且跳过；网络查阅；看影视剧具体了解相应习俗、仪式等

2. 我们发现，遇到大多数的阅读障碍，我们会选择暂且跳过，但这并不影响我们对整篇文章内容的理解。这一种阅读方法，叫"不求甚解"，出自陶渊明的《五柳先生》。

【知识链接】

"好读书，不求甚解。"——陶渊明

"读书且平平读，未晓处且放过，不必太滞。"——宋代理学家陆象山

当然，这也不是说，读书可以马马虎虎，很不认真。观其大略同样需要认真读书，只是不死抠一字一句，不因小失大，不为某一局部而放弃了整体。而对那些经典的书必须常常反复阅读，每读一次都会觉得开卷有益。——邓拓《不求甚解》

3. 快速阅读《婴宁》全文，从"鬼母""王子服""婴宁"等不同角度对本文的情节进行概述。

【答案预设】

(1) 鬼母：养婴宁—教婴宁—嫁婴宁

(2) 王子服：遇婴宁—想婴宁—寻婴宁—重见婴宁—带回婴宁—娶婴宁

(3) 婴宁：笑容可掬—笑辄不辍—矢复不笑—对生零涕

三、方法二：精读精品，析人物

在"不求甚解"的同时，我们针对其中的精彩之处，也需要精读精品。如果说"不求甚解"的着眼点是全篇；那么，精读精品的目的便在细微之处。接着，我们便抓住一个"笑"字，进行精读精品，对"婴宁"这一人物形象进行赏析。

1. 一读"笑"，品人物

书中着重描写了哪些"笑"？从中你可以看出婴宁怎样的性格特点？

【答案预设】

"笑"：

(1) 初见王生："容华绝代，笑容可掬。""遗花地上，笑语自去。"

(2) 再见王生："举头见生，遂不复簪，含笑拈花而入。"

(3) 正式见王生："良久，闻户外隐有笑声……"

(4) 在花园的树上见到王生："见生来，狂笑欲堕……"

(5) 见吴生："但闻室中吃吃皆婴宁笑声……"

(6) 平日里："但善笑，禁之亦不可止；然笑处嫣然，狂而不损其媚，人皆乐之。"

(7) 结婚时："至日，使华装行新妇礼；女笑极不能俯仰，遂罢。"

(8) 母忧怒时："女至，一笑即解。"

性格特点：爽朗率真，天真烂漫，纯真可爱，不受礼法约束。

2. 二读"笑"，品变化

婴宁的"笑"有什么变化？为什么会产生这样的变化？

【答案预设】

笑辄不辍—矢不复笑—竟不复笑

原因：当婴宁走出山谷，投入到人类社会，由"狐"变为"人"，就必须经过这样的洗礼，将其自身的"狐性"渐渐转为"人性"，这是迫不得已的必然。

3. 三读"笑"，品主题

蒲松龄对婴宁的"笑"，持怎样的态度？一个"笑"字，你还读出了哪些内容？联系"异史氏曰"进行阐述。

【知识链接】

异史氏曰："观其孜孜憨笑，似全无心肝者。而墙下恶作剧，其黠孰甚焉！至凄恋鬼母，反笑为哭，我婴宁何常憨耶。

【答案预设】

"笑"表现了主人公痴憨，不解人情，没有受到世俗的污染。作者本人甚至称她为"我婴宁"，喜爱之情溢于言表。自然天性是婴宁的主要性格特征。在婴宁身上寄托了作者对人间真情的赞颂与向往。

四、方法三：化零为整，归共性

《聊斋志异》作为一部小说集，蒲松龄描绘了很多"狐妖"形象，你觉得它们的共同点是什么？请借助表格，从狐性与人性的角度，对其进行概述归纳。

狐妖姓名	具体篇目	狐性	人性	共性
婴宁	《婴宁》	异于常人的神秘力量和法术	开朗率真，天真烂漫	
……	……	……	……	

【答案预设】

狐妖姓名	具体篇目	狐性	人性	共性
婴宁	《婴宁》	异于常人的神秘力量和法术	开朗率真，天真烂漫	容貌极美；拥有法力；善良聪慧
小翠	《小翠》		智勇率真，聪慧过人	
辛十四娘	《辛十四娘》		脱人困厄，自我牺牲	
……	……	……	……	

【知识链接】

鲁迅评价："独于详尽之外，示以平常，使花妖狐魅，多具人情，和易可亲，忘为异类，而又偶见鹘突，知复非人。"

老舍题联："鬼狐有性格，笑骂成文章。"

五、方法小结，深读"聊斋"

1. 深读"聊斋"

在阅读《聊斋志异》时，我们首先便要把握其志怪小说的题材。在所有的精怪形象中，"狐妖"是一大门类，有数十个之多，几乎每一位"狐妖"都有自己独特的个性特征，最终形成最具魅力的女性形象。再通过"不求甚解"和"精读精品"的方式，我们对其进行了探究。

最后，请同学们思考：作者蒲松龄刻画这么多善良独特的"狐妖"形象，目的是什么？请结合具体内容进行阐述。

【答案预设】

(1) 对自由真爱的追求:《娇娜》《红玉》

(2) 对恩泽情谊的回报:《青凤》

(3) 对封建礼教的反叛:《婴宁》

……

2. 拓读"聊斋"

纪昀的《阅微草堂笔记》中,涉及"狐"形象的作品达到了130余篇,任选其中几篇进行阅读,思考其与《聊斋志异》的异同之处。

【答案预设】

在人物形象方面,《聊斋志异》中的"狐妖"不仅仅只是"妖",它们还有人的个性与温情。在语言描写方面,《聊斋志异》中对"狐妖"的描写更为详尽、细腻与生动。

六、作业设计

1. 必做:继续完善表格,自主对《聊斋志异》中的"狐妖"形象进行梳理归纳。

2. 选做:

(1) 阅读《阅微草堂笔记》(纪昀)中的相关篇目,对比其中的"狐妖"形象与《聊斋志异》中的"狐妖"形象,简要概述异同之处。

(2) 对于读书方法感兴趣的同学,可以参与讨论:你是怎么样读聊斋的?

刺贪刺虐入木三分

——《聊斋志异》研读课

【研读目标】

1. 能研读具体篇章《促织》,理清情节脉络。

2. 能通过研读文中的相关人物,探究《促织》一文的社会主题。

3. 能综合《黑兽》《席方平》等具体篇章,体会作者对黑暗社会的控诉。

【研读重点】

1. 理清情节脉络。

2. 探究《促织》一文的社会主题。

【研读难点】综合《黑兽》《席方平》等具体篇章,体会作者对黑暗社会的控诉。

【研读过程】

一、目标：激趣导入

"写鬼写妖高人一等"。的确，在上节课的共同探讨中，我们已经欣赏了一系列活灵活现的"狐妖"形象。"刺贪刺虐入木三分"，今天这节课，就让我们一起由小小的"促织"入手，研读其文章深刻的社会内涵。

二、析"小"：《促织》研读

1. 宏观视情节

（1）请同学们默读全文，并根据漫画版《促织》（天津人民美术出版社）中的图片，用自己的话进行复述。

（2）围绕"促织"，文章如何展开情节？请同学们仿照示例，进行填写。

征促织—（ ）—（ ）—（ ）—（ ）—（ ）—（ ）—（ ）

【答案预设】

征促织—觅促织—卜促织—得促织—失促织—化促织—斗促织—献促织

2. 中观看不同

（1）吕毖的《明朝小史》中，也记载了有关促织的一则小故事。请同学们阅读下列故事，说说二者有什么相同之处。

宣宗（宣德）酷好促织之戏，遣使取之江南，价贵至数十金。枫桥一粮长，以郡督遣觅，入得一最良者，用所乘骏马易之。妻谓骏马所易，必有异，窃视之，跃出为鸡啄食，惧，自缢死。夫归，伤其妻，亦自经焉。

【答案预设】

促织价值千金；且主人公都经历了"失虫"这一情节。

（2）《聊斋志异》中，主人公最后成功献虫；《明朝小史》中，主人公献虫失败，最后家破人亡。有人说前者为喜剧，后者为悲剧，你觉得哪一个结局更好？

【答案预设】

《促织》这一看似"喜剧"的结局更好。

（1）这个结局是虚幻的，当时的现实生活中不可能出现。成名之子以自身性命化小虫去让皇帝玩赏，这正是鞭笞皇帝视人命如小虫。

（2）成名"因祸得福"即使是真，也是偶然的。百姓的生死祸福，竟系于区区小虫，封建统治的腐败已到何种程度！

（3）成名"喜剧"结局的虚幻性，正强化了成名悲剧发生的现实性。实际上是嘲讽了一出丑剧，"成名裘马扬扬"，连"抚臣、令尹，并受促织恩泽"，这岂不荒唐可笑!

所以这个结局在讽刺现实方面,更具力度。

3. 微观看主旨

《促织》的每一个情节都极有深意,尤其是其结局。随着情节起伏的,还有主人公成名的心情。接着,就让我们从"心理"这一微观角度,再看全文。

(1) 在"斗促织"时,成名的心理经过了一系列的变化,请任选其中一处,阐述你的理解。

```
惭怍 → 大喜 → 骇 → 惊喜
```

【答案预设】

示例:我选择"骇","骇"是极其惧怕的意思。成名在重新获得促织,并在斗的过程中,发现了这只促织的独特之处后,再次面临着失去促织的风险,因而极其惧怕。因为他清楚地了解,他失去的将不仅仅是一只小小的促织,有可能还是荣华富贵,更甚至于他还将失去自己的生命,面临家破人亡的危险。

(2) 从成名的心理描写看,你觉得本文想要表达什么?

【答案预设】

一只小小的蟋蟀竟然牵动着主人公的心,主宰(或把持着)主人公的命运。这细致入微、曲折变化的心理描写与动作描写熔于一炉,有力地揭示了皇帝荒淫,官贪吏虐,致使百姓家败人亡的罪恶现实。

三、见"大":群文研读

1. 群文研读

(1)《促织》一文,淋漓尽致地再现了郭沫若的话:"刺贪刺虐入木三分"。在《聊斋志异》中,还有哪些文章具有类似的社会主题?

【答案预设】

《黑兽》《席方平》《胭脂》《罗刹海市》《成仙》《司文郎》《续黄粱》《梦狼》《鬼哭》等。

(2) 请同学们根据表格,对该部分篇章进行群文联读。

具体篇章	主要人物	主要情节	反映主题
《促织》	成名、儿子、妻子等	讲述了成名一家被官府逼迫交纳蟋蟀，以致倾家荡产，但又终于致富的故事	鞭挞了宫廷生活的荒淫无道，揭露大小官吏的贪婪暴虐，抨击了封建社会的罪恶
……	……	……	……

【答案预设】

具体篇章	主要人物	主要情节	反映主题
《促织》	成名、儿子、妻子等	讲述了成名一家被官府逼迫交纳蟋蟀，以致倾家荡产，但又终于致富的故事	鞭挞了宫廷生活的荒淫无道，揭露大小官吏的贪婪暴虐，抨击了封建社会的罪恶
《胭脂》	胭脂、鄂秋隼、宿介等	讲述了胭脂与年轻秀才鄂秋隼之间的故事。毛大夜入胭脂家，误杀其父，后鄂秋隼含冤入狱，被屈打成招。直至吴南岱复审，施愚山设巧计，才迫使真正的凶手毛大供认罪行，施公令鄂秋隼迎娶胭脂为妻	对官官相护、权钱交易行为的控诉，抒发了对下层百姓的同情
……	……	……	……

2. 社会现实探究

当时的社会现实，我们从蒲松龄的笔下可略见一二，请同学们结合相关知识链接，还原当时的社会环境，并阐述作者的写作态度。

【知识链接】

《聊斋志异》凝重、深沉地聚合了18世纪中国社会生活的意义，生活在历史断层的蒲松龄把他的笔伸进了中华民族生活的深处，"写忧而造艺"。

——钱锺书《谈艺录》

浮白载笔，仅成孤愤之书；寄托如此，亦足悲矣！

——蒲松龄《聊斋志异·自序》

【答案预设】

社会：官场黑暗；贪官污吏横行社会及其不公。

作者态度：对当时社会的腐败、黑暗进行了有力批判，在一定程度上揭露了社会矛盾，表达了人民的愿望。

四、作业设计

1. 必做：继续阅读《聊斋志异》的相关篇章，完善本节课的表格。
2. 选做：阅读黎东方的《细说清朝》，对当时的社会环境做一个较为整体的了解。

半部《论语》看"聊斋"
——《聊斋志异》交流课

【交流目标】
1. 能在合作交流中，了解蒲松龄的创作历程及其"书生"身份。
2. 能运用《论语》中的相关语句，感悟《聊斋志异》中传达的思想。
3. 能综合相关知识，探究《聊斋志异》中的儒家思想。

【交流重点】
1. 在合作交流中，了解蒲松龄的创作历程及其"书生"身份。
2. 感悟《聊斋志异》中传达的思想。

【交流难点】探究《聊斋志异》中的儒家思想。

【交流过程】

一、交流一：从"书生形象"，看蒲松龄

1. 同学们，蒲松龄自小受的便是严格的儒家教育，他自称是"仲尼之徒"。因而，他有一个无法摆脱的身份——"书生"，而这也是《聊斋志异》中的主要人物之一。

请你们相互交流：你印象最深刻的"书生形象"是谁，他有怎样的故事与性格特点。

【答案预设】

示例：我印象最深刻的书生是叶生。他虽满腹诗文，却一直考不中，幸好淮阳县令丁乘鹤欣赏他的文章，对其赞赏有加，后来在进行开科考试时，在考官面前称赞他，使他得了科试第一名。然而叶生的命运不济，后来考试中还是落榜，但丁公安慰他，并让自己的儿子拜叶生为师。叶生心怀感激之情，尽心尽力帮助丁乘鹤的儿子中举。正如文中所说："魂从知己，竟忘死耶？"为报答丁乘鹤的知遇之恩，叶生竟忘了自己早已死去了。重情义，感知遇是他最大的特点。

2. 蒲松龄也是一个"书生"，那他又有怎样的故事呢？请同学们相互交流，相互补充，完善蒲松龄的一生。

【答案预设】

19岁以县、府、道三个第一补博士弟子员，成为引人注目的少年才子。

此后他又参加了两次乡试，均名落孙山。

25岁时他借读于友人李希梅家，此时蒲家经济窘迫。

31岁他应同乡宝应知县孙蕙之邀，去做幕宾。

第二年，他回乡参加科举，又以落第告终。

此后，迫于生存，他开始了40年的塾师生涯。

在51岁时他又赴济南考试，因身体原因不得不中途放弃。在妻子刘氏的劝慰下，彻底放弃了科举。

他在毕家设帐教学，达30年之久。直至70岁，才撤帐归家。

72岁，蒲松龄援例成为贡生。

两年后，蒲松龄倚窗危坐而卒，走完了他郁郁不得志的一生。

3. 可以说"书生"这一形象贯穿了蒲松龄的一生，也贯穿了《聊斋志异》这本书。无论是狐妖鬼魅形象的塑造，还是对社会现实的控诉，都与其"书生"身份息息相关。

二、交流二：从"半部《论语》"悟《聊斋》

1. 内容回顾

《论语》作为儒家经典之一，是每一位"书生"不可避免的学习内容。而在《聊斋志异》中，也随处可见《论语》的相关内容与思想主旨，现在就让我们以"半部《论语》"悟《聊斋》。

请同学们快速回顾《席方平》一文，谈谈它的主要内容。

【答案预设】

席父在阳世受"富室羊姓"之欺，在阴间仍受与羊姓勾结贿通的冥使欺凌，席方平便四次到阴间代父伸冤。其间"备受械梏"，"历尽酷刑"，最后告至二郎神才使父冤得解。

2. 《论语》链接

你觉得《席方平》一文所表达的内容，与《论语》中哪些思想是类似的？并阐述理由。

【答案预设】

《论语》链接：

(1)"孝悌也者,其为人之本欤!"

(2)子曰:弟子入则孝,出则第,谨而信,泛爱众,而亲仁。

链接理由阐述:

蒲松龄通过席方平不畏地府、驰骋天宫的大胆举动,赞扬其"孝义定志,万劫不移"的顽强精神,塑造了一个感情色彩极浓的"至孝"儒生形象,表现出对孝子之爱的肯定和赞赏。这与《论语》中以"孝悌为本"的思想不谋而合。

3. "半部《论语》"悟《聊斋》

"半部《论语》"悟《聊斋》,在《聊斋志异》中,你还能看出哪些《论语》中的思想?请仿照刚刚我们共同探讨的示例,再次进行小组交流。

【小组合作要求】

(1)以4-5人为一小组。

(2)每个人均要发表意见,小组成员要学会倾听,学会质疑。

(3)小组成员要合理分工:1人记录要点,1人发言,1-2人将关键词写在黑板上。

【示例再现】

【半部《论语》悟《聊斋》】	
具体篇目	《席方平》
内容概述	席父在阳世受"富室羊姓"之欺,在阴间仍受与羊姓勾结贿通的冥使欺凌,席方平便四次到阴间代父伸冤。其间"备受械梏","历尽酷刑",最后告至二郎神才使父冤得解
《论语》链接	(1)"孝悌也者,其为人之本欤!" (2)子曰:弟子入则孝,出则第,谨而信,泛爱众,而亲仁
链接理由	蒲松龄通过席方平不畏地府、驰骋天宫的大胆举动,赞扬其"孝义定志,万劫不移"的顽强精神,塑造了一个感情色彩极浓的"至孝"儒生形象,表现出对孝子之爱的肯定和赞赏。这与《论语》中以"孝悌为本"的思想不谋而合

三、交流三:从儒家思想探《聊斋》

《聊斋志异》是一部文言短篇小说集,蒲松龄在广泛搜集民间传说的基础上,加工、创作了近500篇各式各样内容的作品,整部作品表现的思想是极其复杂的,但又脱离不了蒲松龄的个人因素。作为一位"书生",儒家思想在其头脑中是根深蒂固的。

请结合蒲松龄的身份,以及《论语》中的相关内容,从儒家思想角度,谈谈你对

《聊斋志异》的理解。

【答案预设】

作品的思想性是作家思想的反映。蒲松龄是一个生活在封建统治日趋黑暗时代的文人，由于所受教育及其时代文化氛围的影响，使他对正统的儒家思想有根深蒂固的继承。儒家讲究孝、悌、信、义，《聊斋志异》中有大量的作品宣扬了这一系列的思想。

【知识链接】

"读《聊斋》，如闻名儒讲学。"

——冯镇峦

四、作业设计

1. 必做：继续完善课堂内的表格，探究《论语》与《聊斋志异》之间的联系。

2. 选做：阅读《儒林外史》《子不语》，较为全面地了解清朝时期的儒学现状，以及对儒家思想的传承与传播。

三国演义

——罗贯中

一、作品介绍

【内容速览】[1]

东汉末年，天下大乱，刘、关、张参军报国。董卓逼汉献帝迁都长安。盟军入洛阳后，各起异心。曹操迎汉献帝于许都，大权独揽。刘备韬光养晦，徐庶推荐诸葛亮。诸葛亮为刘备分析天下形势，出山辅佐刘备。

建安十三年七月，诸葛亮舌战群儒，促成孙刘联盟。赤壁之战，刘备占据荆州。诸葛亮三气周瑜，周瑜死。刘备自立为汉中王，诸葛亮为军师，关羽、张飞、赵云、马超、黄忠为五虎大将。曹操联合东吴攻取荆州。关羽被射伤，华佗为关羽刮骨疗伤。吕蒙白衣渡江，关羽败走麦城被孙权斩首。曹操病死，曹丕即位称大魏皇帝。刘备称帝成都，率兵攻打东吴以报关羽之仇。张飞死。后刘备大败，病逝前托孤于诸葛亮。刘禅继位，诸葛亮全力辅佐后主。曹丕病死，曹睿继位。诸葛亮四出祁山，均无进展。孙权称帝，定都建业。

建兴十二年，诸葛亮六出祁山，雷炸火烧曹军。途中积劳成疾，病逝五丈原。刘婵昏庸无能，宠信宦官不理朝政，国势衰微。魏伐蜀，蜀汉灭亡。司马炎代魏而自称晋帝，魏灭亡。三国结束，晋统一天下。

【阅读价值】

（一）了解古人智慧，传承古典文化

《三国演义》作为中国古典四大名著，是中华文化瑰宝。其中兵法韬略让人拍案叫绝。如王允的"美人计"，诸葛亮的"调虎离山计""空城计"均出自《三十六计》，很多战役都是孙武"知己知彼"论断的巧妙运用。其次，文字雅正而不乏生动，创造了很多成语及俚语，如"三顾茅庐""得陇望蜀""望梅止渴""司马昭之心路人皆知"

---

[1] 吴欣歆、许燕主编《书册阅读现场》之古典名著《七分史实，三分虚构》。

等，都是后人耳熟能详的知识宝库。该书还穿插大量诗、词、曲、赋等其他文体，具有浓郁的古典文化气息。

（二）提升语文能力，融通课内外阅读

阅读《三国演义》有助于提升学生阅读长篇巨著的能力。小说情节跌宕起伏，人物繁多，故事精彩。引导学生复述情节，理清文脉，读懂人物的过程中，能让学生学会把握情节，体会不同人物丰富的个性，掌握品鉴人物的方法。其次小说语言兼有古文的典雅和白话的鲜活，读之有利于文言积累，提升表达能力。同时该小说与人教版教材中有关联，如《出师表》《三顾茅庐》《孙权劝学》均节选于此。读《三国》，能帮助对课文的理解。另《三国演义》与课外必读书目《世说新语》《水浒传》等有互相关联之妙，可借鉴打通，汲取小说宏大叙事的精神营养。

（三）感受家国情怀，培养思辨能力

人物形象和忧国忧民的情怀令人肃然起敬。刘关张"同心协力，救困扶危，上报国家，下安黎庶"的誓言，诸葛亮"受任于败军之际，奉命于危难之间"的担当，这种家国天下的大视野大情怀，对于中学生的成长大有裨益。书中还渗透着"斥责奸凶，惩恶扬善"的道德价值取向。义薄云天的关羽，嫉恶如仇的张飞，英勇救主的赵云，狡诈残忍的董卓，奸诈但又爱才的曹操。读《三国》，可让学生学会多角度看待人物，培养其思辨能力。

二、导读攻略

【阅读策略】

（一）紧扣小说要素

该书为古代章回体小说，着重选择从典型情节、人物性格、小说主题等方面入手感受人物形象，挖掘小说主题。其次，《三国演义》为历史演义小说，通过比较阅读感受真实性和小说艺术虚构的特点。

（二）跨界融合阅读

《三国演义》，除纸质媒介，还有京剧、电视剧、电影、连环画等，可利用暑假布置学生观看影视作品，体会不同艺术形式在表现人物方面的不同，加深对原著理解。教材中有魏晋时代的文章，涉及三国较多的人物、事件、诗词等，可形成迁移融通，加深理解。

（三）多种阅读方式结合

利用暑假，教师制订通读任务单，让学生根据通读单，在暑假进行整本书阅读。开学后，教师帮助学生通过梳理和选读，提炼该书核心阅读价值进行研读与交流。

【通读指导】

通过通读指导单的问题设计,引导学生在自主阅读原著的过程中,学会批注、思考,加深对原著的理解,为后来课堂的阅读交流和深入阅读做好准备。

通读单[1]

时间	阅读范围	阅读任务(周末阅读作业)
第一周	1—14回 群雄登场	设计人物名片(曹操、刘备、关羽、张飞、吕布、袁绍、董卓)
第二周	15—23回 曹军壮大	1. 熟悉重要情节,完成表格。 | 事件 | 时间 | 地点 | 人物 | 事件 | 评论 | | 煮酒论英雄 | | | | | | | 击鼓骂曹 | | | | | | | 过五关斩六将 | | | | | | 2. 结合本周阅读内容,评价曹操。字数120左右。
第三周	34—50回 赤壁之战	1. 观看《舌战群儒》电视剧,写一篇观后感。 2. 班级故事会:三顾茅庐、草船借箭、连环计
第四周	51—74回 进位汉中	细读"三气周瑜",分析周瑜失败的原因
第五周	75—85回 白帝托孤	模仿诸葛亮吊孝的悼词,选择关羽、曹操、张飞、刘备其中一人,结合具体情节评价人物,写一份悼词
第六周	86—104回 南征北战	梳理诸葛亮一生重大事件,品读杜甫《蜀相》为诸葛亮写一篇传记
第七周	105—120 三国归晋	改写:如果诸葛亮取代刘禅,蜀国结局会怎样

【教学准备】

◎学生:

1. 完成通读任务,观看电视剧《三国演义》或电影《三国》。

2. 小组分工讲述三国故事(自己拍摄上传钉钉软件),学生点评。

◎教师:

1. 收集通读单指导并督促学生完成三国故事剧本表演和故事比赛。

---

[1] 吴欣歆、许燕主编《书册阅读现场》之古典名著《七分史实,三分虚构》。

2. 读《品三国》，整理课内外与《三国演义》相关作品。

古今多少事，都付笑谈中

——品鉴三国故事

【学习目标】

1. 通过梳理故事情节和重要人物，宏观把握该书脉络与结构特点，学习阅读古典名著方法。

2. 通过故事交流，激发阅读三国演义的兴趣。

【学习重点】梳理情节与人物，激发阅读兴趣。

【学习过程】

一、找一找（8分钟）

1. 课前放动画版《三国演义》视频《桃园三结义》，概说三国内容。

二、理一理（10分钟）

1. 浏览目录，按照"群雄逐鹿—赤壁鏖战—南征北战—三国归晋"梳理重点情节，总结阅读章回体小说的方法。

预设参考：

内容	群雄逐鹿	赤壁鏖战	三足鼎立	南征北战	三国归晋
回目	1-35	36-58	59-85	86-103	104-120
故事	《桃园结义》《孟德献刀》《连环计》《煮酒论英雄》《官渡之战》	《三顾茅庐》《舌战群儒》《草船借箭》《火烧赤壁》《三气周瑜》	《凤雏落坡》《单刀赴会》《水淹七军》《走麦城》《曹操之死》	《七擒孟获》《收姜维》《空城退敌》《六出祁山》《秋风五丈原》	《诈病赚曹爽》《兵困铁笼山》《司马昭弑君》《九伐中原》《三分归晋》
结构	首尾照应，中间大关锁处。合久必分，分久必合					

2. 全班抽签成立5个小组（群雄逐鹿组、赤壁鏖战组、三国鼎立组、南征北战组、三国归晋组），小组成员抽签讲述小故事。推选一位同学上台与其他组同学比赛。

三、评一评（20分钟）

1. 评委团制定评分标准，并公示评分标准。评分标准参考如下：

评价角度	要求	完成度（在括号内打"√"各20分，共100分）
熟练度	脱稿完成，流利地叙述	很好【 】　一般【 】　不佳【 】
逻辑感	叙述完整，思路清晰	很好【 】　一般【 】　不佳【 】
表达效果	生动，引人入胜	很好【 】　一般【 】　不佳【 】
仪态管理	站姿笔直，举手投足自然大方	很好【 】　一般【 】　不佳【 】
表情自信	表情自然，声音洪亮	很好【 】　一般【 】　不佳【 】
我来点评		

2. 小组代表上台讲述故事，评委及其他同学点评。

3. 颁发"品读三国"故事会获奖名单。

四、演一演（课外进行）

1. 各小组同学选择其中一个故事，改写成剧本。

2. 表演剧本并评出最佳剧本、导演、演员、配角等奖项。

五、今日作业

助读单

青梅煮酒论英雄（英雄榜）			
英雄名片	相关章节	三国英雄事迹、思维导图（或精彩文字摘录）	历史材料
我的发现			

滚滚长江东逝水，浪花淘尽英雄

——纵论三国英雄

【学习目标】

1. 通过梳理三国人物典型事件和相关资料，学习全面品鉴人物方法。

2. 感受人物多面性，学会思辨地看待人物。

【学习重点】归纳整理相关人物事迹，结合历史和文学，思辨评价人物。

【学习过程】

一、导入（5分钟）

视频 https：//v.qq.com/x/page/y0758xd8y64.html 曹操煮酒论英雄片段，并朗读：《三国演义》（岳麓书社毛宗岗批评本）第二十一回"曹操煮酒论英雄　关公赚城斩车胄" P159-160，关于英雄的精彩对话。提炼英雄特点：夫英雄者，胸怀大志，腹有良谋，有包藏宇宙之机，吞吐天地之志。

二、话说真英雄（20分钟）

1. 小组根据助读单根据喜欢的英雄人物重新分组。新组员讨论完善英雄人物及事迹，丰富材料，提炼观点（课前准备）。

2. 小组内部尝试演说，并做好分工（一人主讲，二人板书，二人呈现相关资料，二人朗读相关材料。课前准备）根据抽签顺序，上台讲评三国英雄人物。

3. 师生归纳总结：品鉴人物方法（典型情节、人物描写，诗词评价，后人评价，结合史实，正反面结合）

三、虚实之辩（15分钟）

◎选择以下其中一个话题，结合相关情节和史实材料，说说你的观点。

1. 曹操：可爱的奸雄？

> 作为历史上性格最复杂、形象最多的人，曹操是真实的，也是本色的。这种本色使他成为英雄，而且是大英雄。不过这个大英雄又被看作大奸雄。我给他的定位是"可爱的奸雄"？
>
> ——易中天

请结合《三国演义》及相关材料，思考易中天的话，说说你的观点。

2. "男儿有泪不轻弹"，刘备动不动就掉泪，他算英雄吗？

3. 师生总结：

人物具有多面性、复杂性和局限性。人物的设置与时代、历史、政治有关，评价一个人物要从多方面入手，结合情节、时代背景、思想文化等。《三国演义》融合民间传说和历史二次创作，所谓"据正史，采小说，征文辞"，所谓"七分史实，三分虚构"[1]。

四、周末作业

1. 选择一个英雄人物，写一则小传。如《曹操传》《关羽传》《诸葛亮传》《张飞传》《刘备传》《貂蝉传》等。

---

[1] 吴欣歆、许燕主编《书册阅读现场》之古典名著《七分史实，三分虚构》。

2. 梳理《三国演义》中的各种大小战争，写一写你的发现。

回眸三国风云（战争篇）	
战争图鉴 （战争名与结果）	
赤壁之战 （绘制赤壁地图）	
其他史料	
我的发现	

青山依旧在，几度夕阳红

——探究三国之殇

【学习目标】

1. 梳理《三国演义》大小战争，了解赤壁之战胜败原因。

2. 探究英雄悲剧，思考时代特点。

【学习重点】赤壁之战与英雄悲剧

【课前准备】

1. 细读第四十三回至第五十回赤壁之战。2. 观看电影《赤壁》。

【学习过程】

一、回顾赤壁故事（5分钟）

1. 朗读，引出赤壁之战。

折戟沉沙铁未销，自将磨洗认前朝。东风不与周郎便，铜雀春深锁二乔。

——杜牧《赤壁》

2. 回顾赤壁之战中主要人物及典型情节。

二、梳理战争矛盾（10分钟）

1. 集团矛盾：浏览《三国演义》第四十三回到第五十回，梳理三个集团（曹操、刘备、孙权)矛盾。[1]

明确：集团矛盾——曹操和孙刘联盟的矛盾（主要矛盾），孙权和刘备集团的矛盾（次要矛盾）；人物矛盾——诸葛亮与周瑜的矛盾。

◎细读四十三回《舌战群儒》中"肃乃引孔明至幕下——众人见孔明对答如流，尽皆失色"。明确：刘备集团的立场（联吴抗曹）和东吴集团的立场（拒绝）。

2. 英雄之殇

◎跳读诸葛亮和周瑜之间的矛盾，划出关键语句，完成心理变化曲线图，思考周瑜死因。

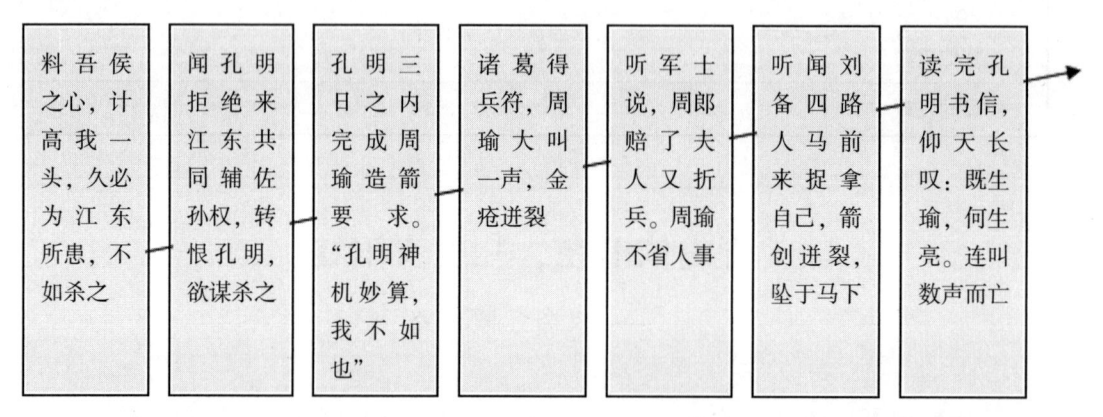

| 料吾侯之心，计高我一头，久必为江东所患，不如杀之 | 闻孔明拒绝来江东共同辅佐孙权，转恨孔明，欲谋杀之 | 孔明三日之内完成周瑜造箭要求。"孔明神机妙算，我不如也" | 诸葛得兵符，周瑜大叫一声，金疮迸裂 | 听军士说，周郎赔了夫人又折兵。周瑜不省人事 | 听闻刘备四路人马前来捉拿自己，箭创迸裂，坠于马下 | 读完孔明书信，仰天长叹：既生瑜，何生亮。连叫数声而亡 |

◎历史上的周瑜，比较阅读。明白文学形象和历史形象的不同，明确历史演义小说的特点。

明确：历史上的周瑜"性度恢廓""谦让服人""雅量高致"，而小说中的周瑜善妒，心胸狭窄。明确小说以人物冲突为中心编制情节。在情节上，"罗贯中对历史材料进行了虚构，用"计"构建每个空间场面与情节，又以每个人的"计"来连锁情节，让诸葛亮与周瑜、鲁肃、孙权、曹操、关羽的性格发生强烈冲突，从而反映赤壁之战的前后历史。历史演义小说是对历史材料和民间传说的整合，不等同于历史本身"[2]。

三、探究英雄悲剧（25分钟）

1. 英雄毁灭

◎跳读关羽、张飞、诸葛亮死亡的篇目，理解"死而不甘"在小说结构和主题上的作用。

明确：刘、关、张为义而死，一方面渲染悲剧气氛，体现人物的传奇色彩，一方面为诸葛亮后来独揽蜀汉大权作铺垫，引发读者对诸葛亮这一"鞠躬尽瘁，死而后已"

---

[1] 易中天《品三国》。
[2] 吴欣歆、许燕主编《书册阅读现场》之古典名著《七分史实，三分虚构》。

的艺术形象的期待。结构上：诸葛亮是整部小说的绝对主角，小说最精彩部分，如隆中对、舌战群儒、孙刘联盟、三气周瑜、智取荆州、七擒孟获都离不开诸葛亮，诸葛亮之死是小说情势高潮与文势回落的转折点。主题："诸葛亮死后传奇色彩体现他不甘天命，彰显他'死而不死'的智慧威力，唤起读者悲情"[1]，彰显了诸葛亮的人格魅力，体现文学作品的感染力。

2. 悲剧作用

◎筛选其他英雄死亡的相关文字，说说刻画这些英雄悲剧的原因及作用。

明确：英雄们或死于罪孽，或死于仇恨，或死于道义，或以死赢得尊严，或因死而觉悟，或死而不甘，在小说的叙事结构上具有伏笔、蓄势、渲染悲剧气氛的作用。

3. 主题探究：

◎梳理战争名，联系《桃花源记》《世说新语》，探究主题。

> 三国演义是一部关于_____的小说。

明确：三国时代著名的战争——官渡之战、赤壁之战、夷陵猇亭之战（火烧连营）、水淹七军、汉巴之战、虎牢关之战、火烧新野、七擒孟获、合肥之战、雒城之战、定军山之战、上方谷之战、西凉之战、五丈原之战、街亭之战、兖州之战、猇亭之战。

主题探究答案参考：

①乱世出英雄：帝王将相纷争，歌颂英雄豪杰。蕴涵着千百年来人民对明君贤臣的寄托。

②英雄与社会进程的矛盾：在人物形象塑造中，暴政战胜仁政，奸邪压倒忠义，全知全能的诸葛亮也无力回天。揭示中国人心底的渴求、困惑、悲怆和抗争。[2]

4. 经典联读：

谈谈《水浒传》《三国演义》两小说在结构、人物塑造、情节方面的异同。

四、作业布置：

选择一个角度写一篇读后感或读书小论文。

---

[1] 贾茜《〈三国演义〉英雄之死的叙事意义》。
[2] 同上。

《儒林外史》　郑春芬

《简·爱》　陈瑾慧

《围城》　姚玲玲

《格列佛游记》　郑娟娟

《我是猫》　高炳洁

《契诃夫短篇小说》　朱静思

下卷

教你如何读名著·下册

儒林外史

——吴敬梓

一、作品介绍

【内容简介】

《儒林外史》以王冕"视功名如粪土"为引子"敷陈大义"开篇,重点塑造王冕淡泊名利的形象。作品描写了周进、范进等一批热衷功名的八股学士,塑造了王惠、汤奉等贪官污吏的典型,大着笔墨描写了蘧公孙、娄公子一批没有真才实学、附庸风雅的官宦之后,以及马二先生、匡超人等深受八股文毒害,或麻木迂腐,或道德堕落败坏之人。同时,作者也肯定和赞颂两类人:一是士林中为数不多的贤者,如杜少卿、迟衡山等真儒形象,他们是作者所追求的理想文士;二是市井四大奇人,他们自食其力,不受礼法约束,不热衷于功名,闲暇时做"学问"。作者描绘士林"群丑图",对封建科举制度和整个社会的"儒林"做出了深刻的批判,寄托了自己对理想社会的追求。

【作者介绍】

吴敬梓(1701~1754),字敏轩,号粒民,晚年自号文木老人,清代小说家。他出生在安徽全椒的一个极重视科举考试的官僚家庭,其父吴霖起病逝后,祖产被心怀嫉恨的族人谋夺侵占。他为人慷慨好施,30岁以前就消耗光了家产和田产,被人称为败家子弟的典型。吴敬梓22岁中秀才,29岁应试举人落第,此后不参加乡试。他33岁变卖家常,移家南京。36岁曾被荐应博学鸿词科试,但他托病拒绝。晚年的他生活十分艰难,在朋友接济中度日,直到54岁客死扬州。吴敬梓著有讽刺小说《儒林外史》,另有《文木山房集》十二卷(今存五卷)、《文木山房诗说》七卷等。

二、实施要求

(一)整体把握,聚焦经典情节。

阅读一部文学名著,首先要整体把握。《儒林外史》是章回体小说,全书共56回,出场人物较多,要先让学生学会阅读目录,了解人物的出场和作品的主要内容及结构特点，激发阅读整本书的兴趣，然后通读全文，具体了解故事情节和人物形象，读完再进行归类。闲斋老人的《儒林外史序》说："其书以功名富贵为一篇之骨。有心艳功名富贵而媚人下人者（如周进、范进、梅玖）；有倚仗功名富贵而骄人傲人者（如严贡生、汤知县、王惠太守）；有假托无意功名富贵，自以为高，被人看破耻笑者（如杨执中、权勿用、杜慎卿、娄三、娄四公子）；终乃以辞却功名富贵，品地最上一层为中流砥柱（如王冕、杜少卿、庄征君、虞育德）。"这是《儒林外史》中主要写的四类人。所以读完不仅需要聚焦经典情节，深入理解人物，还要整体把握人物，进行归类比较阅读，从而理解小说的主题，感受辛辣的讽刺艺术。

(二) 讽刺小说阅读指导

人教版九（下）教材指出：讽刺文学有着悠久的历史。几千年来，讽刺作家们以笔为武器，无情地揭破虚伪，鞭挞丑恶，在笑声中批判社会现实，创造了许多经典作品。阅读这些作品，要注意以下几个方面：

1. 体会批判精神。讽刺作家塑造人物，叙述故事，锋芒所向并非个别的人，而是以之为典型，针砭时弊，揭露某种社会现象背后的荒谬本质，从而间接地表达对理想的向往。

2. 欣赏讽刺笔法。讽刺作品的笔法是多种多样的。在看似子虚乌有的情节和夸张变形的描写中曲折地揭示现实矛盾，这是讽刺作品常见的一种手法。另一种常见的手法则是抓住平常生活中传神的细节，以冷峻的白描直书其事。不同的讽刺笔法，令作品具有多姿多彩的艺术风格，同时也透露出作者对讽刺对象的感情、立场和观点，值得在阅读时细加品味。

3. 联系现实深入理解。讽刺作品包含着深刻的批判精神，具有强烈的爱憎情感。阅读时，要努力联系现实，深入思考。

三、导读攻略

【阅读指导】

《儒林外史》整本书阅读需要提早安排，因为九年级下册时间非常紧凑，所以必须要在假期完成，并照结构的特点来安排整本书阅读。总体上看来，整部书是一个首尾呼应的回环式结构。现在通行的《儒林外史》共有56回。

1. 略读浏览：通过略读、浏览等快速阅读，了解各目录内容和众儒生经历。在阅读过程中可以按照时间、人物的出场顺序回顾小说内容，对事件之间的关联稍加梳理，有助于进一步了解人物。小说有25个主要人物，人物出场有一定的顺序，在快速阅读的过程中可以基本把握人物的主要章回故事。初步了解儒生众生相以及结构特点，为更深层次的阅读做准备。

2. 精读、跳读、选读、比较阅读：快速阅读后，对小说的内容有了一定了解之后，可以回味自己读到的精彩篇章，对其进行分析。通过典型的人物经历选读和跳读，在精读比较中全面把握小说塑造的各类儒生形象以及小说的讽刺特点。

3. 结合查阅的资料，深入理解主题，评价质疑：在查阅他人解读或评价的资料中，准确深入把握小说的主题。小说的讽刺手法非常高超也很典型，在阅读中学会将自己不懂之处做记录或质疑，可以在查阅相关资料后，阅读质疑中形成自己的理解和评价。

4. 拓展联读：通过联读《格列佛游记》和《围城》感受讽刺文学作品的魅力。

【阅读安排】

《儒林外史》是一部经典的讽刺小说，整本书只安排了3节课。课堂智慧的碰撞需要课外的功夫，学生要上网查找资料，主动自主阅读。在阅读的过程中将好的阅读习惯和方法表现出来，将略读和精读相结合，从人物形象入手，抓住细节描写进行圈点批注，并将文章出场的主要人物进行归类群体化，从而整体把握主题。

第一阶段：两周时间

任务：读故事，理情节，识人物

方法：略读为主，精读和略读结合，圈点勾画

时间		快速阅读内容	以相关情节思考问题：边读边圈画批注，解决不了的问题，重读时再解决
第一周		周一：1-4回	1. 讲一讲王冕的故事。 2. 用流程图的形式画出周进的科举之路。 3. 划出范进中举前后胡屠户对他态度的变化，概括胡屠户的形象
		周二：5-8回 周三：9-12回 周四：13-16回	4. 4-6回中严贡生做了哪些缺德事情？ 5. 严监生真的是个吝啬鬼吗？说说理由。 6. 娄三、娄四公子是怎么结识杨执中、权勿用、张铁臂的？娄二公子认为他们是名士，你怎么看？ 7. 娄公子设的莺脰湖会，都有哪些人参加？介绍这次盛会的情景。 8. 马纯上（马二先生）仗义疏财帮助了哪些人？ 9. 马二先生游西湖时，他做了什么事情
		周五：17-20回 周六：21-24回	10. 以思维导图树立匡超人经历及形象。 11. 牛浦郎为何盗用牛布衣的身份？小说中为此引发了哪些与之相关的事情
		周日：25-28回	12. 从这几回中自选一人物分析

续表

时间	快速阅读内容	以相关情节思考问题：边读边圈画批注，解决不了的问题，重读时再解决
第二周	周一：29-32回	13. 读31-32回，杜少卿的慷慨表现在哪些事情上？ 14. 介绍杜少卿筹划的莫愁湖梨园胜会
	周二：33-36回	15. 李大人要举荐杜少卿做官，杜少卿为什么不去
	周三：37-40回	16. 请介绍泰伯祠大祭。 17. 简述萧云仙的经历
	周四：41-44回	18. 以思维导图梳理沈琼枝的经历，对这女子你有什么评价？ 19. 杜少卿、迟衡山、庄绍光、虞育德、萧云仙等真儒名贤你最喜欢谁？理由是什么（100字以上）
	周五：45-48回	20. 虞华轩是怎样戏弄成老爹的？ 21. 王三小姐决定殉夫，她的母亲和父亲王玉辉是什么样的反应
	周六：49-52回	22. 说说凤老四是个怎样的人
	周日：53-56回	23. 这几回具体写了四位"奇人"，圈画他们的特点，归纳四人个性共同点

第二阶段：一周时间

任务：在专题探究中对人物评析，体会批判精神

方法：目录式跳读、选读、精度批注、比较阅读

时间	阅读内容	主要人物
周一	第2-3回	比较范进和周进的异同点
周二	第5、13-14、48回	《儒林外史》的人物塑造极具特色，既有人物性格的丰富性，又有人物性格的复杂性，请从下面任选一位，说说这些特点在这个人物身上是如何体现的？马二先生、严监生、宋玉辉
周三	第11、40-41回	比较鲁小姐和沈琼枝的异同
周四	第21、25回	探究《儒林外史》中的小人物形象
周五	第31-33回	杜少卿与吴敬梓的人生轨迹并线比较
周六	第15-24回	匡超人与牛浦郎人物形象比较
周日	自主选读感兴趣的人物章回：如范进、严监生、蓬公孙、马儿先生、匡超人、杜少卿、萧云仙、虞育德	小组完成课文练习《专题一·儒林故事我来讲》要求见课后要求

第三阶段：一周时间

任务：联读拓展　评价质疑

方法：查找资料，读思结合，感受讽刺文学的特点并拓展阅读《格列佛游记》《围城》

小组探究交流　课后探究二：《儒林外史》讽刺艺术探究（见课后要求）

人物	相关描写片段	讽刺效果	讽刺手法归纳

重识严监生，走近儒林
——《儒林外史》导读课

【导读目标】

1. 了解作品、作者和主要内容，归纳阅读方法，激发阅读《儒林外史》的兴趣。

2. 初步感知小说中的儒林形象以及批判功名富贵的主题。

【导读重点】感受严监生复杂矛盾的形象，归纳阅读方法。

【导读难点】分析严监生慷慨而吝啬矛盾性格的根源。

【导读过程】

一、看图解题

范进中举情景画面导入，引出《儒林外史》。

大家看这幅图片的内容来自我们学过的哪部作品？《范进中举》，请同学来讲一讲《范进中举》的故事。《范进中举》选自《儒林外史》。

二、共识作品

学生交流，教师补充

1. 创作背景

2. 了解科举制

3. 作者简介

三、先读为快

1. 读目录，大体了解故事主要人物以及出场的顺序。

学生畅讲，教师小结

> 第1回："说楔子敷陈大义、借名流隐括全文"

> 第一部分（2—30）科举制度下的文人图谱
> 第二部分（31—46）理想文士的探求
> 第三部分（46—55）"市井奇人"的发现

> 第56回："神宗帝下诏旌贤，刘尚书奉旨承祭"以"幽榜"回应"楔子"

2. 重读严监生，走近"儒林"。

> 1. 他家有十多万银子。钱过百斗，米烂陈仓，僮仆成群，牛马成行。良田万亩，铺面二十多间，经营典当，每天收入少也有几百两银子。（补充1两银子大概是现在500元）
>
> 2.（严监生）后来就渐渐饮食不进，骨瘦如柴，又舍不得吃人参。
>
> 3. 日逐（每天）夫妻四口在家里度日，猪肉也不舍得买一斤，每常小儿要吃时，在熟切店内买四个钱的哄他就是了。
>
> ——节选自《儒林外史》

（1）回顾分析人物形象

你印象中的严监生是怎样的形象？这节课我们走进《儒林外史》重读严监生，对这个人物又会有怎样的理解呢？

预设：节俭、吝啬（细节描写：摇头、手指头，一根灯芯草）

读出守财奴的形象：家财万贯的严监生临死前不是因为大家认为重要的那些事，而只是因为一根灯草，不得断气。小小的一根灯草竟然让严监生违背了生死规律。夸张性地把人物的吝啬、守财奴的形象展现出来，让我们看了以后觉得甚是可笑、可悲，充满了讽刺意味。

（2）浏览全文，理解人物矛盾的形象。

PPT：严监生这个人物从出场到退出人生舞台，整个活动并不长，但却一直在花钱，看起来十分慷慨。——百度论坛评论

★通读第五回，概括严监生的慷慨事例。[1]

概括：

①自掏腰包为哥哥断官司。

②为妻子王氏延医求药。

③为将偏房扶正笼络舅爷。

④为王氏隆重办丧事。

⑤用钱求老舅爷照顾自己的儿子……

小结：看得出严监生的确有非常慷慨大方的一面，但我们也会发现严监生花钱主要花在他哥哥、舅爷、王氏身上。

（3）前后关联阅读，读出深意。

我们来看看文章中的这些句子，小组讨论，严监生大方地花这些钱，他的目的是什么？你对严监生又有怎样的认识。

◆王德道："你有所不知。衙门里的差人，因妹丈有碗饭吃，他们做事，只捡有头发的抓……这事才得落台，才得个耳根清净。"

◆我们读书的人，全在纲常上做功夫，就是做文章，代孔子说话，也不过是这个理，你若不依，我们就不上门了！严致和道："恐怕寒族多话。"

◆我死后，二位老舅照顾你外甥长大，教他读读书，挣着进个学，免得像我一生，终日受大房的气！

◆他是个胆小有钱的人。

◆监生类似于生员秀才的同等学力，但不需要考，是花钱买的，而且非常贵；贡生类似，大致相当于举人的同等学力，但它既不是考的也不是买的，而是所谓"择优"推荐的。

学生交流。

教师引导：严监生的慷慨是有选择的慷慨，是功利性的慷慨，想要不被衙门抓去，笼络舅爷，收买人心，想要做好封建社会的三纲五常。他的这种慷慨又吝啬的矛盾首先是因为他的胆小懦弱，至死也怕严老大，他活得卑微，死得窝囊，他并不甘心屈从于别人，如何才能出人头地呢？科举是一条出路，所以死前对舅爷的交代就说出了心声。这个可笑、可悲、可怜又可叹的人，反映了明清科举制以及追求功名对文人心灵的影响和扭曲。

---

[1] 王冬云.慷慨有吝啬的两面人——儒林外史严监生形象探析[J].现代语文：上旬.文学研究，2009(9)：55-57.

(4) 走近儒林

儒林可以理解为读书人以及和读书人相关的一些事情，就类似"武林"。严监生只是儒林一员，《儒林外史》序中将人物分成四种类型，对照全书目录快速翻看全书，说说每类典型人物至少2人（说出姓名即可）。

类型名称	典型人物姓名
有心艳功名富贵而媚人下人者	
有倚仗功名富贵而骄人傲人者	
有假托无意功名富贵自以为高，被人看破耻笑者	
终乃以辞却功名富贵，品地最上一层为中流砥柱	

四、整本书阅读指导

如果我们要深入了解儒林，还需阅读整本书需要注意什么？请大家快速阅读教材第65页读书方法指导。

①体会批判精神。讽刺作家塑造人物，叙述故事，锋芒所向并非个别的人，而是以之为典型，针砭时弊，揭露某种社会现象背后的荒谬本质，从而间接地表达对理想的向往。

②欣赏讽刺笔法。讽刺作品的笔法是多种多样的。透露出作者对讽刺对象的感情、立场和观点，值得在阅读时细加品味。

③联系现实深入理解。讽刺作品包含着深刻的批判精神，具有强烈的爱憎情感。阅读时，要努力联系现实，深入思考。

五、布置作业

1. 完成阅读进度任务单。

2. 画人物出场顺序图，用你喜欢的形式制作人物标签。（要求：书签要人物的情节插图，一句话点评人物，并准备设计解说。）

从匡超人说开去

——《儒林外史》研读课

【研读目标】

1. 了解梳理主要情节及小说内容，了解士林群像。

2. 精读 15-20 回，从中分析匡超人形象及意义，读出作者借人物所表达出的情感态度，认识封建社会"功名富贵"观念对纯洁士子的精神毒害。

3. 体会作品批判性及深刻内涵。

【研读重点】通过人物形象的分析，了解士林群像，体会作品批判性。

【研读难点】感受作者于文中融入的情感，体会他的批判精神。

【研读过程】

一、导入

《儒林外史》共写了 100 多个人，其中重点写的有 25 个人，我们的同学为哪些人制作了人物书签，我们一起来分享。

1. 人物书签小组分享。

2. 人物连连看：

腐儒的典型　　　　　汤奉、王惠；

贪官污吏的典型　　　周进、范进；

八股迷的典型　　　　王冕、杜少卿；

正面典型　　　　　　马二先生、鲁编修

二、从匡超人说开去

1. 任务单反馈，初识匡超人。

第 15-20 回任务学习单

姓名		籍贯		特长		最高学历	
职业		回目及人物故事情节					
婚姻情况							
人生经历梳理	温州城： 杭城： 京师：						

2. 细读文本，了解匡超人

参考示例：

①◆又过了几时，给谏问匡超人可曾婚娶，匡超人暗想，老师是位大人，在他面

前说出丈人是抚院的差，恐惹他看轻了笑，只得答道："还不曾。"

◆匡超人听见这话，吓了一跳，思量要回他说已经娶过的，前日却说过不曾；但要允他，又恐理上有碍；又转一念道："戏文上说的蔡状元招赘牛相府，传为佳话，这有何妨！"即便应允了。（通过心理描写赏析）

②◆不想教习考取，要回本省地方取结。匡超人没奈何，含着一包眼泪，只得别过了辛小姐，回浙江来。

◆匡超人听见了这些话，止不住落下几点泪来；便问："后事是怎样办的？"

——《儒林外史》20回

（心理描写、细节对比：虚伪狡诈、……）

③◆匡超人道："不瞒二位先生说，此五省读书的人，家家隆重的是小弟，都在书案上，香火蜡烛，供着'先儒匡子之神位'。"牛布衣笑道："先生，你此言误矣！所谓'先儒'者，乃已经去世之儒者，今先生尚在，何得如此称乎？"匡超人红着脸道："不然！所谓'先儒'者，乃先生之谓也！"

◆匡超人道："这也是弟的好友。这马纯兄理法有余，才气不足；所以他的选本也不甚行。选本总以行为主，若是不行，书店就要赔本；唯有小弟的选本，外国都有的！

——《儒林外史》20回

（语言描写、对马二先生及其作品态度的对比：狂妄自大、忘恩负义、冷漠自私……）

小结：早期的匡超人是一个善良、孝顺、老实本分的淳朴青年，后期的匡超人变成一个虚伪狡诈、忘恩负义、夸夸其谈、狂妄自大、冷漠自私的可悲可恨之人。匡超人的性格为什么有这么大的变化？

3. 辩一辩，理解形象意义。

（1）我们班《儒林外史》人物形象交流组的同学昨天讨论了这样一个问题（出示右边图片），你是否赞成他们的观点？一起加入讨论，结合具体情节，分享你的理解和观点。

> 匡父死前交代："我死之后，你一满了服，就急急的要寻一头亲事，总要穷人家的儿女，万不可贪图富贵，攀高结贵。"(《儒林外史》17 回)
>
> 匡母曾梦到："若做了官就不得见面，这官就不做了。"(《儒林外史》16 回)
>
> 马二先生"贤弟，你听我说。你如今回去，奉事父母，总以文章举业为主。人生世上，除了这事，就没有第二件可以出头。不要说算命、拆字是下等，就是教馆、作幕，都不是个了局。只是有本事进了学，中了举人、进士，即刻就荣宗耀祖。这就是《孝经》上所说的'显亲扬名'，才是大孝，自身也不得受苦。"(《儒林外史》15 回)

教师小结：匡超人的性格变化与当时社会有关，就像马二先生说的"中了举人、进士，即刻就荣宗耀祖"，科举制成了成功唯一的途径，追求功名富贵成了社会风气，官场的腐败、社会的黑暗影响着大多读书人，如：景兰江、潘三。在和儒林众生的接触中，匡超人最终也走向了堕落。在这样的大染缸中，有人能坚守初心，出淤泥而不染，如虞育德。匡超人却不能坚守自己的初心，他随波逐流，为了达到目的，不择手段，逐渐丧失了淳朴的本性。在前后的变化中作者也慢慢地流露出对他丑恶行为的批判。

（2）有几位同学发来私信，问了一个非常有价值的问题：《儒林外史》全书 56 回，匡超人写了 5 回，匡超人这一形象在小说中有什么典型意义？小组讨论，派代表发言解答。

小组交流

明确：如此详细描写，可见匡超人在《儒林外史》中的重要地位，这一人物是有其典型意义的。匡超人变质堕落的过程正是在儒林中熏染的结果。作品透过匡超人展示了士林群像，尽显功名利禄对读书人灵魂的毒害。作者对封建科举制度和整个社会的"儒林"做出了深刻的批判，从而体现了文章批判功名富贵的主题。

根据以上环节归纳理解典型人物的探究方法：读相关目录——概括主要故事情节——梳理人物经历——全面分析人物形象——理解典型意义。

4. 质疑：儒林之外，作者安排了各类职业的人物出场，如：戏子、娼优、女婢等，几乎涉及各个行业，作者有何意图？

三、作业布置

1. 运用课堂所学，理解典型人物的探究方法，尝试从杜少卿、沈琼枝、马二先生三人中选其一进行探究。

2. 结合课后专题探究二，探究小说的讽刺艺术。

讽刺艺术探究

——《儒林外史》交流课

【交流目标】

1. 通过交流故事，分析人物编排特点，感受作者的用心。

2. 通过交流小说夸张、对比、白描等写法感受作者辛辣的讽刺艺术。

3. 把握并运用小说中的讽刺艺术。

【交流难点】通过交流小说夸张、对比、白描等写法感受作者辛辣的讽刺艺术。

【交流难点】把握并运用小说中的讽刺艺术。

【课前准备】根据课后专题二要求，选择其中一个人物细读、批注整理。完成探究表格。

【交流过程】

一、导入

1. 看图识人物：

看 2011 年发行邮票，根据情节判断人物［王冕画荷、范进中举、严监生（两个灯草）、马二先生游西湖、杜少卿夫妇游山、沈琼枝利涉桥卖文）］。

2. 儒林故事会：

从第 1、4、5、6 中选择你最喜欢的一张邮票，讲讲其中的故事。

（1）从1、5、6中选择一张邮票，讲其中的故事，要求参考教材 p66 专题一。

（2）《儒林外史》中作者描绘了士林"群丑图"，为何还要写王冕、杜少卿、沈琼枝等人？

（3）演一演邮票4，马二先生游西湖参拜仁宗皇帝御书。（从夸张滑稽的行为中可看出马二先生深受封建思想毒害，他的迂腐、奴性已深入骨髓。"拜毕起来，定一定神"，终于回到了现实，夸张中表现出了戏剧性，充满讽刺效果。）

二、《儒林外史》讽刺艺术探究交流

PPT：

在中国历来作讽刺小说者，再没有比他更好的了。

——鲁迅

迨吴敬梓《儒林外史》出，乃秉持公心，指摘时弊，机锋所向，尤在士林；其文又能戚而能谐，婉而多讽，于是说部中乃始有足称讽刺之书。

——鲁迅《中国小说史略》

1. 小组交流课件成果展示，其他小组补充。
2. 小组表演其中印象最深刻的情节（设置最佳表演奖）。
3. 展示过程中教师板书，《儒林外史》讽刺手法归纳。

参考示例：

（一）文章结构的安排——人物编排上的对照效果。

（二）设置矛盾冲突进行讽刺。

如：严贡生道："实不相瞒，小弟只是一个为人率真，在乡里之间，从不晓得占人寸丝半粟的便宜，所以历来的父母官都蒙相爱。"

……

严贡生道："他要猪，拿钱来！"

小厮道："他说猪是他的。"……

作者客观的描写中，表现了严贡生前后行为的矛盾，一个表里不一、虚伪贪财、无恶不作、令人生厌的乡绅恶霸形象近在眼前，客观描写中极显讽刺效果。

（三）运用白描进行讽刺

如：严监生两个手指头，平平常常，微不足道。作者通过对两个指头的描写，表现了一个封建地主的吝啬、爱财如命的性格，收到了极强的讽刺效果。

如："两只红眼边，一副锅铁脸，几根黄胡子，歪戴着瓦楞帽，身上青布衣服就如油篓一般，手里拿着一根赶驴的鞭子，走进门来，和众人拱一拱手，一屁股就坐在席上。"

作者用白描，塑造了夏总甲粗鲁、野蛮、傲慢的形象，达到了讽刺的效果。（参考语文作业本答案）

（四）运用夸张进行讽刺

如：周进看着号板，又是一头撞将去。这回不死了，放声大哭起来。一号哭过，又哭到二号、三号，满地打滚，哭了又哭，哭的众人心里都凄惨起来。哭了一阵，又是一阵，直哭到口里吐出鲜血来。

作者写周进进贡院撞号板的"哭"极具夸张和疯狂，写出了穷极一生想要考取科举的穷老腐儒形象，令人可叹可悲，具有强烈的讽刺效果。

如：马儿先生游西湖参拜仁宗皇帝御书

（五）运用对比进行讽刺

如：胡屠户前后对范进的态度，匡超人早期和后期表现的对比……

三、作业布置（选做一项）

1. 整理分享内容，撰写小论文，谈谈你对《儒林外史》讽刺艺术的体会。
2. 拓展阅读《围城》《格列佛游记》，比较三篇小说的讽刺手法，完成作业单。

简·爱

——【英】夏洛蒂·勃朗特

一、作品介绍

【内容简介】

《简·爱》是英国女作家夏洛蒂·勃朗特创作的一部具有自传色彩的长篇小说。小说叙述了女主人公简·爱的成长经历和她与罗切斯特曲折起伏的爱情，塑造了一个敢于反抗，争取独立、自由、平等的妇女形象。简·爱自幼父母双亡，先寄住在舅妈家，后被送进孤儿院，童年的不幸，让她饱受委屈和痛苦。成年后，她来到桑菲尔德贵族庄园做了家庭教师，与东家罗切斯特产生恋情。眼看幸福在即，却在举行婚礼时节外生枝。在一次次的磨难和考验面前，她始终坚持自我，最终获得了幸福。【走近作者】

夏洛蒂·勃朗特出生于一个乡村牧师家庭，母亲早逝，自幼被送进一所专收神职人员孤女的慈善性机构寄宿学校，长大后当过教师，最终投身于文学创作的道路。1847年，夏洛蒂出版长篇小说《简·爱》，轰动文坛。她的作品还有寄托对妹妹艾米莉的哀思的《谢利》，根据其本人生活经历写成的《维莱特》和《教师》。

【创作背景】

夏洛蒂创作《简·爱》时，已是世界头号工业大国的英国，妇女依然处于从属、依附的地位，其生存目标就是要嫁入豪门，或是努力通过婚姻获得财富和地位，女性职业的唯一选择是当个好妻子、好母亲。女性若以作家为职业，便会陷入遭遇男性猛烈攻击的困境。夏洛蒂姐妹曾假托男性化笔名发表作品。

二、实施要求

【导读阶段】

指导学生阅读教材中"名著引读"的相关内容，并向学生补充导读材料，如作者生平、写作背景、思想内容及艺术特点简析等，让学生对作品先有个大体的了解，然后布置阅读任务、明确阅读要求、制订阅读计划、统一阅读进度。另外，指导学生掌握一些阅读长篇小说的基本方法。

【积累性阅读阶段】

本阶段要求学生以泛读为主，每周按计划阅读，分两周完成，并设计作业：

1. 重视阅读内容的输出，引导学生做好阅读笔记。笔记可以是对内容的简要介绍，也可以是对这部小说的评价，或者对里面人物形象的评价。最后可以综合优秀的读书笔记，做一份以《简·爱》为主题的班级报纸。

2. 初步学习品析小说中的人物、品赏小说的语言，感知一些刻画人物的方法、积累语言材料。并完成阅读任务单。

本阶段，教师以培养学生阅读兴趣，形成良好阅读习惯为中心目标，每周抽查学生作业并做有针对性的指导。在逐回阅读完全书后，安排1课时，由学生发言、讨论，教师归纳、总结。

【探究性阅读阶段】

1. 通过对《简·爱》的阅读，引导学生对生命的成长进行思考。并以《我看〈简·爱〉》为题写一篇读后感。

2. 跨界阅读：《简·爱》一书与电影版。

情节的设置；叙事的角度（倒叙插叙pk顺叙）；主旨的表现；场景的选取等。

3. 引导学生进行阅读分享与交流。学生在分享中交流自己的课外阅读，提高自身语言表达与交流能力，促进了良好学风的形成，从而促进课外阅读教学发展。

【活动评价】

进行一次活动评价，包含参照学生读书笔记等材料进行的过程性评价，和通过读后感对学生进行的总结性评价。

三、导读攻略

【阅读指导】

1. 用略读浏览的方法通读全书，了解主要内容、情节和人物关系等。

2. 用精读的方法阅读精彩片段，评析作品中人物形象的典型意义，理解作品的艺术价值、品味作品的语言特点。一边读，一边摘录，加批注，写心得。不同层次的学生分别给予不同的阅读要求。

A层：心有灵犀。要求边读边记，找出感点，遇到与自己的心灵有交汇的地方，应及时写出自己的感想，以备交流。这一层次适应于写作感悟能力很强的学生。

B层：读书偶得。要求边读边想，对自己感兴趣的知识点加一两句评语，写在读书笔记上，以便及时抓住灵感的火花。这一层次适应于能力较强的学生。

C层：最佳眼光。把自己喜欢的名句佳篇积累起来，整理到集锦本上，作为写作素材，以备查阅。这一层次适应于能力一般的学生。

3. 课外网上搜索有关资料，了解作者经历、创作背景，理解作品的重要思想和重点内容。

4. 结合观看电影，将剧中的人物形象与文学作品中的人物形象比较。

在个性解读、自主交流中积累知识，归纳方法；在动态生成的过程中合作分享，习得能力；在与作品发生精神联系中，陶冶渐染，发展生命。

【阅读进度】

时间	阅读范围	活动任务	活动目的
第1周	第1-4章	1. 概括这部分内容	概括内容
		2. 画出人物关系图	了解情节
		3. 结合文本，为里德太太画一幅肖像画	分析形象
第2周	第5-10章	1. 归纳简·爱离开洛伍德孤儿院的原因	概括内容
		2. 摘录简·爱细致的心理描写	语言积累
		3. 以简·爱的名义为海伦写一则悼词	体会情感
第3—5周	第11-27章	1. 结合文本，为罗切斯特画一幅肖像画	分析形象
		2. 摘录第十二章细致的环境描写	语言积累
		3. 找出作者使用"悬念"手法的内容	赏析写法
		4. 以简·爱的名义向罗切斯特写一封告别信	体会情感
第6周	第28-35章	1. 比较圣约翰和罗切斯特对简·爱感情的不同	体会情感
		2. 摘录第三十五章细致的心理描写	语言积累
		3. 请你用思维导图画出简·爱的心路历程	语言运用
第7周	第36-38章	1. 观看电影《简·爱》，比较与原著的不同	品味细节
		2. 摘录简·爱的经典语录	积累语言
		3. 以小组合作的形式，尝试将书中经典情节改编成话剧，自编自演并在班级展示	创新表现

阅读任务单一

人物	主要事件	性格特征
简·爱		敢于反抗，知恩图报
罗切斯特	与简·爱结婚，结为永久夫妻	
海伦	关心帮助简·爱，忍受老师的欺凌	
圣·约翰		工作认真负责

阅读任务单二

根据图表概述简·爱在四个地点发生的主要事情。

	舅妈家里	洛伍德	圣约翰家里	罗切斯特的庄园
主要事情				
主要性格特征				

阅读任务单三

《简·爱》一书有很多经典语句，请从书中摘录几句制作书签，并说明理由。

	书签一	书签二	书签三	书签四
摘录	我关心我自己，愈是孤单，愈是没有朋友，愈是无助，那我就愈是自尊。 ——简·爱（卷三第一章）			
理由	这一句使我们感悟到，在逆境中求生，在绝境中奋起，尊重爱护自己，维护自己的尊严，不做有损人格的事情，不向别人卑躬屈膝，也不容许别人歧视自己，只有这样我们才能活出精彩			

在路上

——《简·爱》导读课

【导读目标】

1. 学会梳理并概括简·爱的主要人生经历。

2. 学会通过细节描写来分析人物的内心世界。

【导读过程】

一、读歌谣，感知命运

1. 任务：读歌谣感知简·爱"在路上"的生命状态。

> 我双脚疼痛难当，路远迢迢，走不尽野岭荒岗
>
> 天空中没有月亮，暮色苍茫
>
> 苦命孤儿走在路途上
>
> 为何逼我走他乡，形单影只
>
> 来到这满是沼泽灰岩的地方

2. 人的一生就像一场旅行，在旅途中总有一些重要的人生站点，请同学们梳理简·爱旅途中的重要站点。

3. 在这些人生站点中，简·爱经历了哪些事件，请你来讲一讲。

屏显：我来讲述一个故事……

学生梳理交流。

老师小结：简·爱的这些故事，表现了她对自由平等的追求、对幸福生活的渴念。概括其成长历程，不必面面俱到，我们只要把其中一些主要的情节提炼出来。这就是提要式读书法。

二、读细节，走进人物内心

1.《简·爱》故事情节生动感人，很大程度上得益于作者善用细节，细腻地展示人性的复杂与隐秘。

屏显：细节描写：常见有场景描写、动作描写、心理描写、语言描写等方面的细节。

2.《简·爱》一书中，有许多细节值得我们细细品味，那么哪些细节让你印象深刻，请你来品一品。

3. 老师小结：这种反复体会和感悟的方法，叫精读。写景、炼词、动作、语言、心理等多种塑造人物的方法，表达技巧……细品它们，会让我们直抵人物的心灵深处。

4. 学生交流、评析阅读过程中发现的细节，由表及里，探求由微而著的高妙。

（实物投影）交流、评析细节，由表及里，探求由微而著的高妙。

5. 老师小结：关注细节描写，揣摩作者寄寓其中的情感和意图，会有效地提高我们的阅读水平。阅读过程中有感而发，可在书上作适当标注，这就是圈点式读书法。

三、读方法，激励多角度阅读

1. 阅读名著，除了用"提要式读书法"和圈点式读书法外，还可以采用其他哪些方法。学生结合平时的阅读经验谈谈还有哪些方法。

2. 《简·爱》是一本十分耐读的好书。它还有许多值得向大家推荐让大家学习的地方。比如，小说形象地表现了人物的性格特征。比如，小说始终洋溢着浓郁真挚、丰富细腻的情感。大家可以联系自己的生活经验，思索书中的思想精髓，体会蕴涵的人生智慧，揣摩第一人称叙述的语言。并且在读后，将印象最深的情节与同学交流。

小说很美，美在细节，美在内涵，美在语句。有人说，小说是一个魔袋，袋子很小，却能从里面取出很多东西来，甚至能取出比袋子大得多的东西。也有人说，小说是一座独特的桥梁，通过它，可以从简单走向复杂，又可以从单纯走向丰富，在这座桥上来回走几遍，我们既看见了五光十色的生活现象，又发现了生活的内在意义。

（实物投影）

四、作业布置

1. 画《简·爱》主要情节思维导图。

2. 阅读并摘录《简·爱》五处经典细节并品析。

野百合也有春天
——《简·爱》研读课

【研读目标】学会通过分析人物对白或心理独白来探究人物的特质。

【研读过程】

一、思维导图交流和展示

二、品读对白

1. 人物鲜明的个性和强烈的情感，他们的一些对白，振聋发聩。你听——

《简·爱》视频片段播放，学生观看。

师：这段对白出现在哪一个情节？

明确：罗切斯特故意用英格拉姆小姐来试探简·爱，简·爱感到受伤后的真情表白。

> 简：您为什么对我讲这些？您和她（英格拉姆小姐）跟我有什么关系？您以为我穷，不好看，就没有感情吗？告诉你吧，如果上帝赐予我财富和美貌，我会让您难以离开我，就像我现在难以离开您。可上帝没有这样做，但我的灵魂能够同您的灵魂说话，仿佛我们都经过了坟墓，平等地站在上帝面前。

2. 简·爱的对白中一直强调什么？

明确：平等。她义正词严地表明：自己有权利追求一份平等的爱情！如果按时间算，简·爱的时代，大约是中国的清朝，那时中国女子的小脚正包裹得严严实实的呢！

屏显清代女子图片

追问：那简·爱敢于这样真情告白，是因为西方人在婚恋上比较开放吗？

明确：事实上，十九世纪欧洲的婚恋观，保守而畸形：

屏显：

> 资料链接：十九世纪欧洲的婚恋状况
>
> 嫁给一个家财殷实的人，对女人来说是利害攸关的大事。
>
> 女性的容貌优劣，与男性的财产大小是相提并论的。
>
> 法律和天主教教义规定，天主教徒不可以离婚。
>
> 女性的贞洁和清誉非常重要，情妇被社会唾弃，还有可能被抛弃

3. 简·爱在对白中一直强调"平等"，她义正词严地表明：自己有权利追求一份平等的爱情。我想这正是简·爱身上独有的魅力。除此之外，你认为罗切斯特欣赏简·爱还有其他的原因吗，请同学们摘录简·爱的对白或独白分析。

4. 小结：简·爱自尊自重自爱、坚强、追求平等自由、独立自主、积极进取、心地善良纯洁、善于思考。像简·爱这样，能够和罗切斯特处于同一高度对话，没有一定的知识内涵，没有一个聪慧的头脑，绝难企及。心灵的契合，使彼此相见恨晚。这些经典对白，我们可以适当摘录下来，这又是一种很有用的读书方法——摘录法。

三、阅读小结

这两节课，我们从这几个角度领略了《简·爱》这本名著，其过程中，我们用了

提要式略读、精读、圈点式、摘录式等读书方法。（板书）

当然，我们也还可以从很多别的角度去欣赏名著。《简·爱》，就是一个灰姑娘的童话，她向我们讲述有关爱的哲学——真爱必须建立在尊严和平等的基础上；她告诉我们人生的真谛——即使是一株野百合，只要自尊自强、自立自爱，也一定能掌控多变的人生，收获属于自己的春天！

请同学们课后把冲击你灵魂的万千感慨，一抒为快，让我们共同享受阅读的美丽！

四、布置作业

1. 摘录经典对白和心理独白并品析，至少5处。
2. 画《简·爱》人物关系图。

不完美，才是完美的人生
——《简·爱》阅读交流课

【交流目标】

1. 学会分析评价名著中人物的特点。
2. 学会结合作品的写作背景和各界评论，形成自己独特的作品观。

【交流过程】

一、人物关系图交流和展示

二、交流评价人物

1. 在这些精彩的故事情节中，有很多个性鲜明的人物，你最想评价哪一位？

> 屏显：请以："我想评价一下……"句式说话。

2. 老师小结：在西方，大多数优秀的小说都有一个共同的文化背景，那就是关于基督教、圣经和信仰。它们认为，因为有主的庇护和普渡，每一个人，即使再不完美，都会有可圈可点的闪光的地方。当然，能普渡我们的"主"，其实只有自己。《简·爱》这部小说的人物塑造让我们明白：

> 屏显：人，生来也许不完美，但是我们可以通过各种努力让自己变得完美。

三、交流评价作品

1. 师：《简·爱》一书的问世，在十九世纪石破天惊，社会各界好评如潮：

屏显：

> 《简·爱》的艺术成就：
> 《简·爱》是夏洛蒂·勃朗特"诗意的生平写照"。——时评
> 一位伟大天才的杰作。——萨克雷
> 《简·爱》与《名利场》受到同样广泛的欢迎。——《评论季刊》
> 我深深地被《简·爱》陶醉了。——乔治·艾略特

2. 卑微之人成为一个大写的人的渴望，在那个时代确实惊世骇俗！但艺术的美，往往也有着些许缺憾。比如，虽然作者一味强调人格的平等，但她对简、罗恋情的编排，一定程度上还是折射出门当户对的观点、充分体现罗切斯特强势的不平等。相信同学们也发现了这篇小说的些许不足，请大家和身边的同学一起探讨，各抒己见！

屏显： 我认为小说的……略显不足……

（学生自主探讨小说的不足之处）

3. 那么大家思考过造成这种种缺憾的原因吗？看看相关背景资料后，你一定会有所发现。

屏显：

> 相关背景链接：
> 1. 夏洛蒂·勃朗特长期生活在贫穷的小郡县和学校，足不出户。
> 2. 夏洛蒂是虔诚的教徒，其父是一位牧师。
> 3. 十九世纪教会势力非常强大。

4. 小结：我们阅读名著，不应只是被动地接受，而应主动地汲取精华、发现不足，培养自己文学评论的能力。同学们可以从思想倾向、现实意义、人物形象、遣词用语等方面自主评判一本名著。

四、布置作业 撰写《简·爱》读后感，600字以上。

围　城

——钱锺书

一、作品介绍

【内容简介】

《围城》为我们呈现了二十世纪三十年代知识分子的爱恨纠葛。作品以方鸿渐的情感与事业为切入口，表现了当下社会人们所面临的如"围城"般的困境，以及内心的痛苦与挣扎。方鸿渐历经四次爱情，有三段工作经历，在动荡的社会背景下，他面临着情感、事业及人生的三重困境，从浑浑噩噩到有所期待，想要追求真心与安稳，似乎变得可遇而不可求。钱锺书以其细腻的笔触，用近乎喜剧的手法呈现了具有悲剧性和现实性的艺术效果，引发读者对现实社会，对人性的思考。

【作品评价】

《围城》是一部讽刺小说，因作者以其幽默的笔法讽刺时弊，描摹人生百态，而被誉为"新儒林外史"。钱锺书融道德、风俗、人情的批判于一炉，将目光聚焦于旧中国中上层知识分子的病态畸形生活，以平易的笔触、辛辣的嘲讽，在笑骂中剖析了这群人的个性与道德上的弱点，揭示了他们的精神困境。同时，也道出了许多人生哲理，让一种学者般睿智幽默得以成立。《围城》的社会意义，或许从来不在于如何了解这群知识分子所面临的人生困境，而在于思考如何更好的面对人生的"围城"，如何在围城内或围城外智慧地生活。

二、实施要求

（一）多角度切入，激发兴趣

1. 以"情节内容"为切入点

故事情节是吸引孩子的基本要素，我们可以选择精彩的内容情节串讲。《围城》的情节虽不惊险刺激，但却细腻感人，生活中的一些寻常小事，在作者笔下也变得蕴藉而有风味。如方鸿渐、赵辛楣在去汪家相亲后回来的路上发生的故事；重遇苏文纨时方鸿渐的退缩和孙柔嘉的比试心理等诸如此类。教师可迎合中学生爱表现的心理，举行一个"《围城》故事会"，分享《围城》的精彩情节，促进孩子的阅读兴趣。

2. 以"人物形象"为切入点

《围城》中人物形象较为鲜明，如优柔寡断而又多情善良的方鸿渐、纯洁可爱的唐晓芙、自命清高的苏文纨以及工于心计的孙柔嘉等，人物形象刻画得典型而深刻，借用文中一句话，"好的东西是不用特意去记的，它自会给你留下很深的印象"。因此，教师可以以人物形象为切入点，展现人物的所作所为和性格特点，由对人物的兴趣引发对小说阅读的欲望。

3. 以"语言赏析"为切入点

钱锺书的语言功底也真的是数一数二的，书中多用精彩的比喻，这里简单举个例子。比如说描写日落时，他这样写"夜仿佛纸浸了油，变成半透明体，它给太阳拥抱住了，分不出身来，也许是给太阳陶醉了，所以夕阳晚霞隐褪后的夜色也带着酡红"。这样细腻的文字，让整本书随便挑一句来读都是一种享受。似乎那些景象就真真切切地呈现在眼前。这样比喻和拟人交织的用法，以及大胆应用对比性喻物的手法，钱老是用得得心应手，留给我们的只剩赞叹了。

教师便可以生动的语言来作为调动学生阅读积极性的突破口，专门开设《围城》语言赏析的课，从而激发学生的阅读兴趣，更全面地了解作品的要求，为后面更进一步地理解作品准备了条件。

（二）方法指引，评价促读

1. 一般来说，语文教学常以单篇课文的教学为点，以单元教学为线，形成一个教学的整体。而名著阅读教学重在对一部作品的把握，如果只是让学生课后自主阅读，然后进行仿真训练，继而评讲答案，这样的学习收效甚微。教师只有通过课堂适当的点拨，帮助学生梳理情节、明晰脉络，整部作品才可以化繁为简，才可以为下一个教学的预设做好铺垫。因此，教师应引导学生在梳理的过程中，充分了解作者的行文思路，了解作者据此谋篇布局，多角度展示人物性格的方式方法，通过问题指导的方式来引导学生多角度梳理全书的主要情节。

2. 指导学生充分利用圈点批注法进行阅读，随时在字里行间记录自己的点滴感受，将名著中经典片段、精彩描写进行摘抄，并做好阅读记录卡。

3. 教师可通过评选阅读之星、读书交流会等方式，来评价学生的阅读成果，激发学生阅读名著的兴趣，同时也可以促进阅读活动的深化，促使学生在活动中更深入地理解名著，从而产生阅读成就感，达到以"法"引"读"、以"评"促"读"、以

"读"促"思"的目的。

（三）拓展研读，关注讽刺

讽刺文学有着悠久的历史。几千年来，讽刺作家们以笔为武器，无情地揭破虚伪，鞭挞丑恶，在笑声中批判社会现实，创造了许多经典作品。

《围城》的主要社会环境是大都市上海以及知识分子云集的大学——中西文化在中国的交汇之地，主要人物是出身传统封建家庭、先受中国传统教育后又留学西洋受西方文明熏陶的知识分子。这种环境和人物使作者有可能更深邃、更广泛地展开他对历史文化和人生命运的探究。钱先生在其雅俗共赏、幽默风趣的语言里透视着智者见智、仁者见仁的深层意蕴，他思考、关注着人的本性，将笔触伸向人的文化精神世界，从"文化的批判"到"形象的哲学"，揭示现代人的精神危机和生存危机，从而更深刻地揭示出人类文化、精神的颓废。

三、导读攻略

【阅读方法】——多种阅读方法融合

（一）精读与略读

1. 快速通读全文。因为第一遍阅读仅是为了初步了解小说内容，不要求对小说进行全面的分析，所以为了节省时间，应适当放快阅读速度，以便能从整体上把握小说。略读训练要以准确理解为前提，同时也对阅读速度提出了较高的要求。

2. 把握大意，关注人物关系。在略读《围城》时，对主要人物的身份及其关系应先做标记，以便第二遍阅读时加以梳理，从而节省时间。

3. 全面理解，逐章研读。即逐字逐句、逐段逐章地去钻研，做到精细理解、全面剖析。精读要求精神高度集中，思维非常活跃。一般来说，精读一本书至少需要两遍以上。当我们阅读的时候会注意到人物关系、事件发展、历史背景、句子和段落之间的关系。当我们每次阅读的时候，就会感觉到有一种新的意义。

（二）圈点勾画法

1. 在理解文章的基础上进行圈点批注，读过某一个章节，先要经过思考，找出重点难点，决定哪些地方应该圈点，哪些地方应该勾画，哪些地方要加注，哪些地方要加批，然后再动笔墨。如果在似懂非懂的情况下，就乱画一气，胡批一通，反而会影响对文章的深入理解。

2. 圈点使用的符号应该是固定的，不要随意改换，符号的种类也不宜过多。这样才能保证一打开圈点过的书就能看明白。还要注意圈点和勾划的地方不可过多，通篇都加了五花八门的记号，反而看不出哪里是重点了。

3. 批注应做到既言之有物又简明扼要。批语要有分析，不管是褒是贬，都应该说出点根据来。随便加上一些"好""绝妙"或"废话""胡说"之类的话是没有用处的。批语不应过长，啰里啰唆地说不到点子上也不好。

【阅读规划】

《围城》是现代文学史上的经典。课堂上学到的只是这部名著的冰山一角，只是一个"引子"，一把"梯子"，真正的阅读，还是在课外，还是靠自主。

1. 上网查阅资料，了解作者及其代表作品，了解主要内容，感知人物形象。

2. 在阅读中用笔画出自己认为写得好的句子、片段，并在旁边写批注。批注可以从人物刻画的方法、词语的使用、修辞方法的使用、语言上的特点等方面去考虑，也可从自己在读中产生的感想去写。

3. 制定《围城》每日读书计划

要求：（1）表格形式；（2）四周读完；（3）计划每日的读书任务；（4）周一小组交流。

【通读指导】

第一阶段：

任务：读故事、理情节、析人物

方法：以略读为主，快速通读全文

1. 前期准备

教师应先精读《围城》，搜集并熟悉、掌握《围城》相关资料；学生每人自备《围城》纸质书一本，笔记本一本（作读书笔记用）。

2. 制订计划

每个学生均制订一份个性化的读书计划，利用课余时间，自觉通读全书，在阅读的过程当中了解、熟悉《围城》的基本情节。

组织一次以《围城》情节为主题的知识竞赛，以教师口头提问、学生抢答为主要形式，检查学生对文本的熟知程度。让学生自行对照制订的读书计划，进行自我评价，评定完成情况。

3. 读书摘记

要求学生在阅读过程中将小说中自认为最精彩的人物描写片段摘录出来，同时将一些存疑记录在读书笔记本上。教师将每一个学生摘录出来的片段进行收集，编辑并打印成册，印刷分发给每一个学生。学生利用文学社活动时间进行自由朗读，探讨，简单把握小说主要人物的性格特征；将学生的存疑也收集起来，进行分类，整理，找出反映比较集中的问题，便于在第二阶段对学生进行有针对性的引导探究，给予明确的解答。

4. 阅读评价

后期布置学生每人完成一篇读后感，读后感内容以赏析语言艺术为主，兼以人物形象赏析、情节结构赏析、主题思想分析均可，让学生在写作过程中建立简单的整书框架。

第二阶段：

任务：结合背景、文本研读

方法：以精读为主，融入多种阅读方法

1. 分组研讨

帮助学生成立探究小组，各组分工，组内再自行分工，利用课余时间，从不同角度收集《围城》的相关资料，如语言艺术特色、修辞手法运用、人物描写手法等赏析或探究资料，其中以语言艺术特色为主要探究方向。

然后，结合进行文本研读，进一步熟悉文本，开展小组内交流探究，总结《围城》语言艺术特色和语言的表现手法，形成读书报告。

2. 读书分享会

利用每周一次的名著分享时间，以小组为单位，每小组选派一位代表到讲台上发言，畅谈本小组的读书心得和探究成果。每次读书心得分享安排两个小组的代表发言。每小组发言完毕，其余小组针对发言内容进行评议。教师最后对所有同学的发言进行点评、总结。

教师本人或邀请资深语文专家开设《围城》"语言艺术赏析"的讲座，或者播放一些专家学者解读《围城》的讲座视频，让学生开阔视野、拓展思维，指导学生从更多角度更多途径去探究《围城》的语言艺术。

3. 剧本演绎

《围城》人物语言幽默滑稽，适合表演。以小组为单位，每个小组自行选取原文任一情节，将原文改编成小品或剧本，对文本进行二次创作，利用课余时间进行排练，在本学月的最后一次集体活动上进行演出比赛。在创作的过程中，要求将学到的理论、技能应用到创作中来。

4. 撰写读书小论文

在感受语言魅力的基础上，让学生进一步进行思考，挖掘文本内涵，及时记录，整理感悟和心得，将之连缀成文，撰写全书的读书笔记，围绕《围城》语言的艺术特色，撰写读书笔记。要求立足原文文本，论点鲜明，论据充分，进而形成读书小论文。

第三阶段：

任务：重读文本，并进行阅读评价
方法：活动开展，读与思相结合

1. 阅读评价

让学生重新通读全书，回首初读时存疑之处是否已得到明确的答案，如存疑仍在，则及时在小组内提出，小组探究、解决。学生在阅读过程中有所悟，要及时捕捉灵感的火花，用红色笔在句旁空白处作标记并批注，通过思考获取更深刻的感悟。

在组内成员互评的基础上，每个小组组内评出五篇优秀小论文，在课堂、教室宣传栏、班级公众号等处进行优秀读书论文展示。

2. 辩论比赛

为加深同学们对文本的理解，教师可从文本中有争议的地方提取辩题让同学们进行辩论比赛。让学生在辩论过程中点燃激情，进行思维的碰撞，在碰撞中拓展思路，培养思维能力、逻辑能力、反应能力、合作能力、口头表达能力。

示例：

辩题："方鸿渐和孙柔嘉之间是否有真爱""方鸿渐和孙柔嘉最后是否会分开"。

总结：方鸿渐和孙柔嘉由"不爱到爱再由爱到不爱"这一过程恰好充分地体现了题目"围城"的内涵：在城外的人想冲进去，在城内的人想冲出来。

《围城》阅读记录表

【要求】

1. 按照阅读计划自主阅读，也可根据自己的实际情况适当调整阅读量，但最终完成时间要与班级阅读计划相一致。

2. 在阅读中要自觉运用圈点批注法进行阅读，尤其是第二阶段的阅读，对小说进行精读。

3. 有理有据：要有条理地呈现你的阅读结果，并要概括或引用原文的具体内容（比如页数、某一段/句）作为依据证明你的阅读发现。

问题记录	
你的阅读发现	
你的疑问	

【阅读评价】

1. 评选阅读之星：

要求：（1）批注恰当；（2）摘抄全面；（3）问题有价值；（4）读后感体现个性。

2. 名著阅读交流课：

（1）小组课件制作

①内容要求：内容要立足于成员作业，而非百度搜索，失去阅读、思考的意义；

标题幻灯片拍摄全组的这张作业组合成一张，呈现完成情况；

内容幻灯片 3-5 页，内容侧重于观点和理由的呈现，文字打在幻灯片上。

②格式要求：字体大小、颜色不要太花哨，或者颜色太浅；

以横排为主，便于观看，尽量不要竖排，重点内容要颜色突出。

（2）课堂展示

①组长对每个组员的参与情况及汇报过程中的优缺点进行记录与评价；

②教师可对每个小组汇报过程中的优缺点进行针对性的指导，并对小组展示评定等级。

《围城》课堂记录表

课题：		时间：		组别：		组长：	
组员	前置性作业反馈		课堂参与反馈				总评
	问题记录	幻灯片制作	课堂发言	课堂质疑（问题记录）	问题解决	班级展示	
学习活动总结（体会/反思）：							

命运之"围城"　生活之百态
——《围城》导读课

【设计意图】

阅读文学经典名著是提高学生语文素养的重要途径之一，学生对《围城》并没有太多了解，尤其对作品的思想内容和主题的把握，更是知之甚少。对此，在激发学生阅读兴趣的同时，重点结合时代，在感受个性鲜明的人物形象基础上，客观把握作品的思想内容。教学中，可发挥学生的学习积极性和主动性，做好课前准备，并有效利用网络资源，丰富教学内容；在学法指导上，注重启发性，注重小组的交流、合作与探究。

【导读目标】

1. 了解作品的作者和主要内容，初步感知人物形象。

2. 检查阅读情况，交流课外阅读心得。

3. 培养初读的文学作品欣赏能力，养成课外阅读的好习惯。

【导读重点】 多角度介绍《围城》，激发阅读兴趣。

【前置性作业】

要求学生课外阅读《围城》一书，并且做好：

1. 上网查阅资料，了解作者及其代表作品，了解主要内容，感知人物形象。

2. 在阅读中用笔画出自己认为写得好的句子、片段，并在旁边写批注。批注可以从人物刻画的方法、词语的使用、修辞方法的使用、语言上的特点等方面去考虑，也可从自己在读中产生的感想去写。

3. 全书共有9章，每天读 1-2 章，争取一个星期读完。各学习小组成员之间做好督促检查工作。

【导读过程】

一、导入

根据同学们现在的生活阅历和成长经验，让你用一个名词来比喻你所认识的人生或生活，你会选择哪个词？

——学生交流，教师点评。

小结：同学们的比喻都很生动，曾经有一位很著名的学术和文学大师，他曾对生活做出了一个很经典的比喻：生活就是一个《围城》。大家能理解其中的含义吗？——"城外的人想冲进去，城里的人想逃出来"。如果把校园当作一个《围城》，那么同学们是在城里，我想一定会有很多同学想要冲出这个《围城》，对不对？……但是老师呢，是在城外，却又是那么羡慕城里的你们，但是却再也回不去了。

二、导读竞答：你对这部名著了解多少？

具体内容见PPT。

三、作者简介及背景介绍

1. 解读封面

给学生看《围城》出版以来的多种封面，让学生说说喜欢哪一个？并说明原因。

明确：《围城》既是一部愤世嫉俗的哲理小说，又是一部充满哲理意味的爱情小说。城里的人想逃出来，取名《围城》，这是其寓意所在。

2. 作者及背景介绍

过渡：俗话说，"要读文，先读人"，今天我们就应该先好好研究本书的作者及小说创作的背景。

学生根据预习所搜集的资料进行回答。

明确：在《围城》中，钱锺书没有直接描写中日战争的冲突，他着重描写反映的是当时躲避国难的知识分子，特别是留学生的生存状态。

四、小说内容感知

《围城》讲述的是20世纪30年代一群知识分子的故事，围绕着从欧洲留学回国的青年方鸿渐，以调侃、幽默和极富讽刺意味的笔触，描绘了这位归国留学生在生活、工作和婚姻恋爱等方面遭遇到的重重矛盾和无奈。

(一) 梳理人物关系

展示课前完成的人物关系思维导图

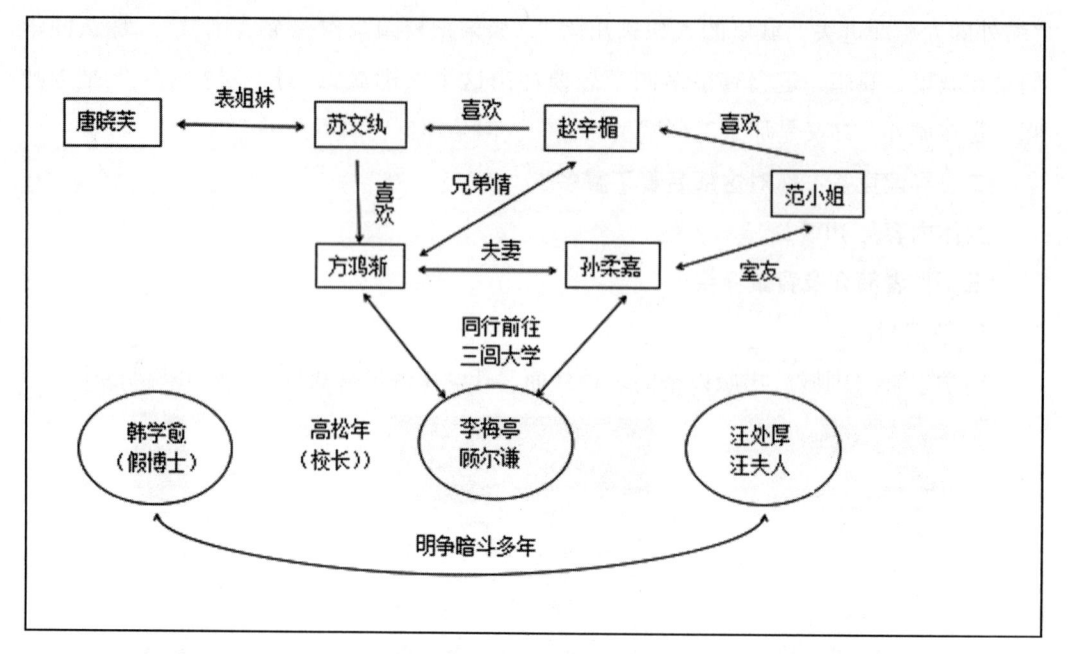

```
唐晓芙 ←表姐妹→ 苏文纨 ←喜欢— 赵辛楣 —喜欢→ 范小姐
              ↓喜欢    兄弟情↗              ↑
              方鸿渐 ←—夫妻—→ 孙柔嘉 —室友—
                    ↘同行前往↙
                      三闾大学
              ↓                    ↓
          韩学愈    高松年    李梅亭    汪处厚
         (假博士)   (校长)   顾尔谦    汪夫人
              ←———— 明争暗斗多年 ————→
```

(二) 人物初识

1. 以方鸿渐为例分析人物形象

①用多媒体展示写方鸿渐的部分章节或播放电视剧片段，让学生多种感觉器官参与，给学生以形象化的视听感觉，加深印象。

②引导学生概括方鸿渐的故事，分析人物形象。

示例：

书中方鸿渐经历了三个不同的《围城》：一是他回国后与唐晓芙、苏文纨之间的恋爱《围城》；二是他去三闾大学后在其中陷入的人际关系《围城》；三是他与孙柔嘉结婚后陷入的婚姻《围城》。懦弱的方鸿渐屈服于命运，不敢反抗，最终陷入爱情陷阱、事业低谷。

方鸿渐形象分析：虽善良，但软弱无能，缺乏原则，易受诱惑，没有能力把握自己的人生。

2. 其他人物分析

学生以上面的分析为例，用同样的方法，以小组为单位，讨论、合作，分析其他人物，形成材料，填写表格。派代表发言，然后师生共同讲评。（重点引导学生分析经典人物形象，如赵辛楣、苏文纨、孙柔嘉、唐晓芙等）

示例：

赵辛楣：有钱，有才，幽默风趣，豪爽豁达又有情有义。

苏文纨：美丽却不可爱，太做作，太虚荣，工于心计。

孙柔嘉：是个现实的女人，具备贤妻良母的素质，同时也是受过教育的知识女性和自食其力的新女性。她唯一的缺点在于把婚姻当作事业来经营。

唐晓芙：漂亮、活泼、可爱、聪明、率性又善解人意。

五、概括阅读、欣赏小说的方法

1. 首先要理清故事情节。

2. 把握住人物形象。

3. 结合时代背景。

六、创作封面

师：今天，我们通过阅读这本书，初步了解了这本书的内容、人物、主题、语言特色等，下面，我们大胆尝试一下，自己来给本书做封面，你会选什么图画，放哪些文字。

学生创作，并谈创作意图。

七、结束语

人生是个大《围城》，它是无形的，却始终是存在的。钱锺书先生把30年代的这座城具体形象化了，让身处21世纪的我们看清了书中城中之人的喜怒哀乐、悲欢离合，言之凿凿其实也是为了使我们看清我们身边同样的一座《围城》。

八、布置作业

下面两题任选其一，写成不少于200字的文章，工整地写在作文本上。

1. 在《围城》中，你最喜欢哪一个人物形象？为什么？

2. 在《围城》中，你最不喜欢哪一个人物形象？为什么？

从《围城》到《儒林外史》

——《围城》研读课（讽刺艺术）

【设计意图】

立足学生实际语文水平，结合日常教学情况，从《围城》的语言艺术特色兼人物品评、思想内涵等角度对《围城》进行研读。以读促思，以思促悟，以悟促写，注重生本、生生、学与教及师生之间的对话互动，促使学生语文素养的自我生成，提高学生对语言文字的驾驭能力。

【研读目标】

1. 了解讽刺文学的阅读指导及《围城》的题意。

2. 学会通过品味比喻手法，理解作品的批判、讽刺意义。

3. 比较阅读《围城》和《儒林外史》，深刻体会作品的讽刺意味。

【研读重点】通过品味比喻手法，理解作品的批判、讽刺意义。

【研读难点】比较阅读《围城》和《儒林外史》，深刻体会作品的讽刺意味。

【研读过程】

一、导入

对于《围城》，同学们一定不陌生。这是部以旧中国中上层知识分子病态畸形生活为描写对象的幽默而辛辣的讽刺小说。作者以幽默的笔法讽刺时弊，描摹人物世态，调侃芸芸众生。常以平易的笔触，在貌似嬉笑中予以淋漓尽致的嘲讽和描写。对于这样一部讽刺作品，我们应该如何来阅读呢？今天，我们就来了解一下讽刺文学作品的阅读方法。

二、阅读指导

讽刺文学有着悠久的历史。几千年来，讽刺作家们以笔为武器，无情地揭破虚伪，鞭挞丑恶，在笑声中批判社会现实，创造了许多经典作品。阅读这些作品，要注意以下几个方面：

1. 体会批判精神。讽刺作家塑造人物，叙述故事，锋芒所向并非个别的人，而是以之为典型，针砭时弊，揭露某种社会现象背后的荒谬本质，从而间接地表达对理想的向往。

2. 欣赏讽刺笔法。讽刺作品的笔法是多种多样的。在看似子虚乌有的情节和夸张变形的描写中曲折地揭示现实矛盾，这是讽刺作品常见的一种手法。另一种常见的手法则是抓住平常生活中传神的细节，以冷峻的白描直书其事。不同的讽刺笔法，令作品具有多姿多彩的艺术风格，同时也透露出作者对讽刺对象的感情、立场和观点，值得在阅读时细加品味。

3. 联系现实深入理解。讽刺作品包含着深刻的批判精神，具有强烈的爱憎情感。阅读时，要努力联系现实，深入思考。

三、讽刺手法研读

1. 所谓讽刺？

讽刺不是谩骂，不是诅咒，它是一种艺术。

所谓讽刺是对假、丑、恶的否定，是一种特殊感情的表现形式，运用讽刺的目的在于揭露，揭露被讽刺者的矛盾所在，以及他的可笑可恶。

2. 手法研读

《围城》善用多种方式，如肖像描写、比喻等手法的运用，语言机智幽默、妙趣横生，请用圈点批注阅读法完成下文表格。

	摘录内容	赏析或感想
所在篇章		
肖像描写		
所在篇章		
比喻		

示例："一个人的缺点正像猴子的尾巴，猴子蹲在地面的时候，尾巴是看不见的，直到它向树上爬，就把后部供给大众瞻仰，可是这红臀长尾巴是本来就有并非地位爬高的新标识。"

赏析：作者运用带有格言的比喻对高松年爬上校长地位后就暴露恶劣本性进行彻底的嘲弄与讽刺。

小结：《围城》以幽默诙谐笔调，大量奇妙譬喻，丰富的知识容量，构成了独特的风格，显示了高超的讽刺才能和作者观世的精细与机智。作者常在情节、场景的推进中，描述人物言语行为，给以调侃、揶揄或嘲弄。

四、对比阅读

《围城》这部被赞誉为"新《儒林外史》"，这部"机锋所向、尤在士林"的讽世之作，使钱锺书成为中国现代文学的大师。究竟《围城》与《儒林外史》有何相似处，才能让其得如此高的评价？

小组合作完成下表，组长做好记录，将组员讨论的精华记录下来，并做好展示的准备。

	描写对象	结构	主题	对美好人性的赞美
《围城》				
《儒林外史》				

小组展示

明确：讽刺并不是聊博人笑、娱人耳目或显示作者才情的小伎俩，而是其中深寓着作者深刻的入世情怀，和以常式不能表达的深深焦虑与悲哀。

五、总结

著名文学评论家夏志清先生这样评价："《围城》是中国近代文学中最有趣和最用心经营的小说，可能亦是最伟大的一部。"《围城》最为人称道的是精妙生动的描写，一个个妙喻把作者的想象力发挥得淋漓尽致，对人物的刻画入骨三分。《围城》还包含深刻的文化寓意。因为作者本身是鸿儒，他把一些文化批判巧妙地寄寓在小说中，彰显精湛的艺术造诣。总之，《围城》是部外行人读来有趣、内行人读来有味的伟大小说。

知识女性的"围城"

——《围城》阅读交流课

【学情分析】

1. 初三学生面临中考压力，时间紧、任务重，接触文学经典著作偏少。选择的文本必须符合学生的阅读口味，要能引起学生自觉阅读的兴趣，《围城》结构相对简单，语言诙谐风趣，可读性强，容易为初三学生所接受。

2. 初三学生已具备一定的文学鉴赏能力，能够从极具张力的语言中去领略中国汉字运用的精妙绝伦，分辨善恶美丑，感悟人生真谛。

【交流目标】

1. 能结合具体情节及借助查阅资料分析人物形象。

2. 探究《围城》中几个女性的爱情、婚姻观念，尽管外在的表现形式不相同，但其悲剧命运却一致的原因。

【交流重点】结合具体情节分析人物形象。

【交流难点】探究《围城》中几个女性悲剧命运的原因。

【前置性作业】

1. 梳理小说中与鲍小姐、孙柔嘉、苏文纨相关的故事情节，整理好人物档案，并完成人物思维导图。

2. 阅读中运用多种阅读方法（圈点勾画、精读与略读等）阅读，并能提出自己的疑问。

3. 配音展示：《围城》曾被拍成电视剧公映并引发热潮。因此，可利用多媒体技术，截取相关视频进行消声处理。小组讨论选择与三位人物相关的一个情节，根据视频剧本进行配音，配音以普通话为主，也可运用方言。寓教于乐，让学生在配音的过程中更深刻感受人物的性格特点。

4. 小组根据探究主题讨论并制作PPT进行交流展示。

【交流过程】

一、导入

钱锺书在《围城》中刻画了众多女性形象，其中不乏知识女性形象，她们的爱情、婚姻观念尽管外在的表现形式不相同，但悲剧命运却惊人一致，这是为何呢？本节课我们将一起走进知识女性的"围城"，探寻背后的真相。

二、情节梳理

1. 鲍小姐：出现在小说开头，与方鸿渐等人乘坐的船甲板上出场的，穿着极暴露的服装，令女博士苏文纨非常反感。苏文纨反感她还有一个理由，因为鲍小姐从她身边"抢"走了方鸿渐。鲍小姐自称身体里"有葡萄牙人的血"，用男朋友的钱出国学产科，准备回去同男友一起挂牌开诊所。她有意无意对方鸿渐说的一句话"你像我的未婚夫"，把方鸿渐这个毫无恋爱经验的人引诱到了她的床上。而下船前，她突然冷淡了对方，调整身心，第二天一早，扑向了来迎接她的未婚夫怀里。

2. 孙柔嘉：孙小姐的父亲只是个很普通的报馆职员，在家中，爹妈也重男轻女，她用一双冷眼旁观身边的男子，在心里反复权衡对方的学问、人品、家世、经济，最后将目光锁定在方鸿渐身上，上演了一出女追男的好戏。在去三闾大学的船上，故作天真地问方是否见过大鲸鱼，一派小女儿的纯真烂漫，麻痹了对方。当陆子潇给她写肉麻情书时，她真诚地向方请教拒绝的法子，并且不失时机地制造点所谓"闲话"。当她和方鸿渐并肩走在校园，遇上陆子潇和李梅亭时，她勇敢地伸出手勾住方鸿渐的右臂，自此，他们的情侣关系完全坐实。在她不动声色、步步为营的"逼迫"下，方鸿渐终于跌入她所设置的婚姻"围城"。而之后，在日常生活的磕碰中彼此挖苦、相互折磨，直到双方都受了伤。方鸿渐与孙柔嘉的一次常规的吵架例会，却由于李妈的无端插入而戏剧性地导致了方鸿渐与孙柔嘉婚姻的终结。

3. 苏文纨：大家闺秀，有着博士的学位，打扮斯文讲究，就连她的长相也显得强势。在与方鸿渐同学的时候，苏文纨并没把方鸿渐放在眼里，后来同船回国对方鸿渐的家世略有所知，准备向他示爱。但因为稍微矜持了一点，方鸿渐竟被已有未婚夫的放荡的鲍小姐引诱了去。苏小姐怒火中烧，骂他们无耻。然而鲍小姐刚刚下船，她就马上打扮得袅袅婷婷来找方鸿渐。她工于心计，喜欢男人簇拥在自己周围，苏文纨自

137

始至终不敢说一句"我爱你",总是半推半就,只敢躲在洋文里叫方鸿渐吻她。"打电话"是两人关系的分水岭,苏文纨风格依旧,不敢去与晓芙平等竞争,一场爱情游戏就此偃旗息鼓。说到底,文纨虽洋派,亦难摆脱"窈窕淑女,君子好逑"的传统恋爱模式,当她与曹元朗结婚并过上真正的市侩生活时,她却安之若素。

三、人物研讨展示

探讨主题:
1)分析鲍小姐、孙柔嘉及苏文纨的性格特点。
2)探讨三个人物的爱情、婚姻观念的不同。
3)探讨三个人物悲剧命运一致的原因。

1. 探讨主题
2. 小组展示

要求:

(1)将课件展示与"前置性作业"中的人物思维导图和配音展示相结合。

(2)组长对每个组员的参与情况及汇报过程中的优缺点进行记录与评价。

教师可对每个小组汇报过程中的优缺点进行针对性的指导,并对小组展示评定等级。

《围城》课堂记录表

课题:		时间:		组别:		组长:	
组员	前置性作业反馈		课堂参与反馈				总评
	问题记录	幻灯片制作	课堂发言	课堂质疑(问题记录)	问题解决	班级展示	
学习活动总结(体会/反思):							

学习活动总结（体会/反思）……

3. 探讨结论参考

通过对以上知识女性角色的剖析，让我们深刻体会到文化知识把知识女性从传统的轨道上拖出来，并将她们推向五彩缤纷的现代生活边缘。尽管她们在家庭生活和家庭关系链条上地位不尽相同，个人经历、文化修养也不相同，但却有许多相同点。比如说，她们都有现代意识和个性追求，不顺从命运摆布，不甘心生活现状，不愿过平庸的生活，甚至不愿过规规矩矩的生活。她们试图过一种新生活，一种带有浪漫色彩，带有刺激性的生活。但作者却对她们的生活表现出怀疑，指出她们的悲剧。

四、活动小结

作为新时期的女性，尤其是知识女性，必须得有自己意识的觉醒。有属于自己的事业和社会地位。要立足于社会现实，能够很好地平衡事业和家庭的关系，真正走出婚姻城堡，做生活的强者，主宰自己的命运，要变成一棵树而不做缠绕在树上的一棵藤。

五、作业布置

小组合作，撰写《〈围城〉女性形象》读书报告。

格列佛游记

——【英】乔纳森·斯威夫特

一、作品介绍

《格列佛游记》是一本非常有趣的长篇讽刺小说,作者英国作家乔纳森·斯威夫特用自己幽默的讽刺手法为我们虚构了四个荒诞离奇的世界,让主人公梅尔·格列佛经历了别样的人生。格列佛是个英国的外科医生,教育良好,仕途顺利,可本质上却是一个平凡庸碌的人。一个平庸的人,到底是经历了怎样光怪陆离的人生际遇后,才会变得无奈与迷茫呢?

在小人国,格列佛见识了用比赛跳绳选拔官员的奇葩方式,也因为与众不同的方式扑灭皇宫的火灾而招致皇后的嫉恨,不得不离开小人国。在大人国,格列佛成了笼子里的小艺人,替主人卖艺赚钱,到全国各地展览,直至被卖给皇后和国王,最后被鸟儿叼着笼子丢到大海,才得以逃脱。在飞岛国,格列佛见识了诸多无聊而荒唐的科学研究,比如研究怎样把人类的粪便还原成食物。格列佛还在巫师的帮助下见到了各个历史时期的著名人物,比如亚历山大大帝。在慧骃国,格列佛见识了"胡耶"的野蛮和卑劣,领略了智者"慧骃"的宽厚和博大。最后遭到了"慧骃"的放逐,无可奈何地回到了自己的故乡——曾经他无比留恋,而今却十分厌恶的英国。《格列佛游记》不仅仅只是记录格列佛的有趣游记,作者想用格列佛的经历和反思深刻反映当时的英国议会中毫无意义的党派斗争,统治集团的昏庸腐朽和唯利是图,并对殖民战争的残酷暴戾进行揭露和批判。

二、实施要求

(一)立足学情,兴趣引领

《格列佛游记》全书共 4 卷,篇幅较长。四卷游记各自独立,故事情节精彩纷呈,同时作为讽刺小说,《格列佛游记》的各种天马行空的想象,让学生欣喜。学生在九上第二单元已经学过中国的讽刺小说《儒林外史》中的《范进中举》,因而对讽刺小说的阅读是轻车熟路的。因此,导读课立足学情,引导学生关注名著中趣味性和讽刺性相结合，交给阅读方法，引领阅读方向，同时激发学生的阅读兴趣。这样一开始就降低他们阅读的心理压力，让他们在阅读的乐趣中慢慢喜爱上名著。同时在名著交流课时，采用旅游线路设计，网红景点打卡和"爱豆"玩偶设计等贴近学生生活的有趣方式，让学生在快乐中学会思考与分享。

（二）规划阅读时间，循序渐进

阅读名著是一个漫长的过程，受学习时间的挤压和持续力的影响，有些学生可能会由于兴趣的转移或课余时间的不足而半途而废，或是因为内容相似而放弃阅读。因此，要对阅读时间和阅读进度作合理安排，共用2周左右的时间来阅读。阅读可将课内课外结合，每周一和周三安排一个固定的时间（午休或整理课）作为固定的阅读课，其余利用课余时间自我阅读。个人根据情况采取相应的方法，循序渐进地完成阅读。

（三）关注写作背景，关注讽刺手法

讽刺小说的阅读，必须关注当时的写作背景，才能更好地理解作者语言中的批判和讽刺，因此阅读《格列佛游记》前，可先让学生从网上查阅乔纳森·斯威夫特的生平资料及作品的背景介绍材料，这样读者对作品主题的理解就会深入一些。在活动课上，我们可以播放翻拍的电影片段，让学生与名著进行对比，在比较中感受讽刺小说语言的魅力。

（四）指导圈点评注和读后评价两种读书方法

1. 要求学生在读书时随时拿着笔，在字里行间随时记录自己的点滴感受。名著中经典的场景，精彩的比喻，富于启发性的议论性语句，如果能够进行摘抄或制作成卡片，既代表着阅读的收获，也是很有意义的积累。厚积才能薄发。

2. 开展读书交流会、手抄报展示、书签制作展示等交流展示活动。既可以了解学生实际的阅读状态，展示阅读的成效，也可以促进阅读活动的深化，促使学生产生阅读成就感，增进阅读效果。

三、导读攻略

《格列佛游记》出现于人教版九年级下册教材第三单元中，为自主阅读推荐部分。这一单元的名著推荐是《儒林外史》——讽刺作品的阅读。教材在阅读方法指导板块，对讽刺类作品的阅读有明确的要求：

1. 体会批判精神，讽刺作家塑造人物、叙述故事，锋芒所向并非个别的人，而是以之为典型，针砭时弊，揭露某种社会现象背后的荒谬本质，从而间接地表达对光明的向往。

2. 欣赏讽刺手法。讽刺作品的笔法是多种多样的，在看似子虚乌有的情节和夸张变形的描写中曲折地揭示现实矛盾，是讽刺作品常见的一种手法。

3. 联系现实深入理解。讽刺作品包含着深刻的批判精神，具有强烈的爱憎情感，阅读时要努力联系现实，深入思考。因而：

第一阶段略读。建议用 8 天时间泛读全书，每两天一卷，梳理小说的故事情节，在阅读中圈画精彩描写，透过作品中主要人物的言行举止去揣摩他们的内心世界。

第二阶段精读。建议用 4 天时间精读每卷中的"讽刺"篇章。通过摘抄、批注，品味作品中富有表现力的语言，再结合背景，体会作品中字里行间的批判精神。

第三阶段悟读。建议用 3 天时间进行评价性阅读。通过对比阅读，反思小说的现实意义。观看电影，进行电影与文本对比的交流；阅读不同时期他人的读后感，感受小说对人的劣根性的批判与反思。

第一阶段：读故事，感受作者的奇幻想象。

方法：略读为主，精读略读结合，圈点勾画。

时间	阅读范围		阅读思考
第 1 天	利立浦特（小人国）游记	第 1 章	1. 格列佛是如何到小人国的？ 2. 格列佛为什么会被运进城，而不是自己走进城的？
		第 2 章	1. 格列佛用了几种语言和利立浦特国王交流？ 2. 为了安全，国王派人没收了格列佛的部分东西？
		第 3 章	1. 小人国的官员选取方式是什么？ 2. 小人国的宣誓方式是什么？
		第 4 章	1. 小人国和布莱夫斯库两大国一直打仗的原因？ 2. 小人国国内存在哪些问题？
第 2 天		第 5 章	1. 格列佛以什么方式帮助小人国战胜？ 2. 王后的寝宫为何意外失火，格列佛是如何灭火的？
		第 6 章	1. 小人国的书写方式和殡葬方式有什么特别的？ 2. 财政大臣是谁？他为什么看格列佛不顺眼？
		第 7 章	1. 大臣深夜来访，告知格列佛被人指控犯了什么？ 2. 格列佛如何避免被处罚的？
		第 8 章	1. 格列佛如何离开布莱夫斯库的？ 2. 格列佛如何离开了小人国，成功回到自己的祖国？
第 3 天	布罗卜丁奈格（大人国游记）	第 1 章	1. 格列佛在巨人家遇到了几次危险？ 2. 格列佛是如何到达大人国的？
		第 2 章	1. 农民的女儿给格列佛起的名字是什么？ 2. 农民为什么会带格列佛到镇上，甚至最后到了京城？
		第 3 章	1. 国王为什么要召集大学者来与格列佛辩论？ 2. 王后的矮子是怎样欺负格列佛的？

142

续表

时间	阅读范围		阅读思考
第3天	布罗卜丁奈格（大人国游记）	第4章	1. 格列佛参观了大人国的哪些地方？ 2. 格列佛对大人国的什么非常感兴趣？
第4天		第5章	1. 格列佛在大人国遇到了哪些危险？ 2. 王后给格列佛做水槽和船的目的是什么？
		第6章	1. 格列佛为国王和王后做了什么，让他们非常开心？ 2. 国王对格列佛介绍的英国制度有何反应？
		第7章	1. 格列佛最喜欢的书中提到人类的通病是什么？ 2. 格列佛提出什么建议，让国王震怒？
		第8章	1. 格列佛给了船长很多礼物，船长拿了什么？ 2. 格列佛是如何离开大人国的？
第5天	飞岛国游记	第1章	1. 格列佛为什么会被放逐？ 2. 格列佛是如何到达飞岛国的？
		第2章	1. 飞岛上的人喜欢什么学科？ 2. 飞岛上的人喜欢研究天文学，是因为能获得快乐吗？
		第3章	1. 飞岛的升降是由什么控制的？ 2. 飞岛国国王会如何处罚不服管教的岛屿？
		第4章	1. 巴尔比亚的城里和农村有什么不同？ 2. 是什么导致了城市变成废墟，百姓缺衣少食？
		第5章	1. 格列佛参观了拉格多大科学院的哪些地方？ 2. 这里的科学家有哪些奇特的想法？
第6天		第6章	1. 政治科学家学院里的科学家们在辩论思考哪些问题？ 2. 格列佛告诉他们的洞察阴谋的方式是什么？
		第7章	1. 格列佛让巫人岛的行政长官召出的有哪些人？ 2. 巫人岛的人有什么特点？
		第8章	1. 格列佛最讨厌的是什么时候的历史？ 2. 与历代先贤对话，格列佛发现历史是真实的吗？
		第9周	1. 格列佛到达拉塔格奈王国为什么被关禁闭？ 2. 觐见国王的奇怪规矩及国王处死犯人的方法？
		第10周	1. 长生不老的人在外貌上有什么特点？ 2. 在见过长生不老的人之后，格列佛还想长生不老吗？
		第11周	格列佛是如何从拉格奈格国回到英国的？

续表

时间	阅读范围		阅读思考
第7天	慧骃国游记	第1章	1. 格列佛为什么会流落到慧骃国？ 2. 他遇到的耶胡是种什么样的动物？
		第2章	1. 格列佛在慧骃国如何解决生存问题？ 2. 在慧骃国，慧骃和耶胡的食物是什么？
		第3章	1. 慧骃是"马"的意思，就词源而言是指什么？ 2. 我一直严守的秘密是什么？
		第4章	格列佛给他的主人讲述他的旅程，他的主人完全不能理解的是什么？
		第5章	1. 格列佛和他的主人讨论了哪两个问题？ 2. 英国君主发动战争的理由有哪些？
第8天	慧骃国游记	第6章	1. 在安妮女王统治下的英国是怎样的国家？ 2. 如何才能坐到首相大丞的位置？
		第7章	1. 耶胡最爱什么？他们最可憎的行为是？ 2. 格列佛以慧骃的角度看人性，发现了什么？
		第8章	1. 慧骃的两种主要美德是？ 2. 为什么说耶胡是所有动物中最没有教养的？
		第9周	1. 全国代表大会对哪个议题展开了辩论？ 2. 格列佛的主人提出什么建议试图保住格列佛？
		第10周	1. 格列佛为何要离开慧骃国？ 2. 他是如何离开的？
		第11周	1. 格列佛为什么不愿意回到英国？ 2. 最后他是如何回到英国的？

第二阶段：结合背景，品味讽刺手法，赏析批判精神。

方法：静心细读，对比分析，摘抄并批注。

"讽刺"是《格列佛游记》中最常用的艺术手法，乔纳森·斯威夫特最为擅长运用两种讽刺手法：

第一是对比的讽刺手法。斯威夫特运用夸张的手法，让丑陋和美好形成强烈的对比感，让人看到上层社会的龌龊、虚伪与狡诈。

第二是反说的讽刺手法。斯威夫特常将讽刺对象托比于具体化、形象化的事物，再用肯定赞美的语言描述明显的丑恶、虚假，在啼笑皆非中揭示统治阶级的自欺欺人与自私自大。

时间	阅读范围		批判视角	讽刺对象	结合背景	阅读任务
第9天	第一卷	第1章 第4章 第6章	用巨人的眼光，俯视人类的荒唐	英国政坛	18世纪的英国： 1. 两个政党辉格党和托利党为各自的利益而斗争。 2. 农民争取土地的斗争，反对圈地运动。 3. 英国和殖民地之间的矛盾（与荷兰争夺海上贸易权；与爱尔兰的矛盾）	1. 摘录每章中最具讽刺意味的语句。 2. 分析讽刺的艺术手法，体会作者的忧世爱国情怀
第10天	第二卷	第6章 第7章	以小矮人的角度，仰视人类的粗俗和铁石心肠	英国的制度		
第11天	第三卷	第5章 第6章	以平常的心态，平视人类的疯狂和邪恶本质	英国的伪科学		
第12天	第四卷	第4章 第5章 第6章 第7章	以理性动物的角度审视人类的本质	英国资产阶级和贵族文明		

第三阶段：评价性阅读、专题探究

方法：查找资料，读思结合。

时间	评价性阅读任务	探究专题
第13天	1. 观看2010版电影，进行电影与文本对照	1. 你怎么看待电影对情节的改编？ 2. 有人说，格列佛就是斯威夫特，你怎么看？ 3. 如何看待格列佛最后选择疏远家人，与马为友？
第14天	2. 对比阅读不同时期的作家对作品的评价	
第15天	3. 小组合作探究专题。 (1) 设计《格列佛游记》的精品线路。 (2) 选择《格列佛游记》的网红景点。 (3) 设计卡通玩偶	

幻想·离奇·讽刺

——《格列佛游记》导读课

【导读目标】

1. 通过故事猜说，了解《格列佛游记》的主要内容，进一步激发学生课外阅读的兴趣。

2. 学会讽刺小说的阅读方法，养成良好的阅读习惯。

3. 结合《格列佛游记》的写作背景，感受作者苦涩而热切的忧世情怀。

【导读重点】结合《格列佛游记》的写作背景，感受作者苦涩而热切的忧世情怀。

【导读难点】学会讽刺小说的阅读方法，养成良好的阅读习惯。

【导读过程】

一、脑洞大开·趣味导入

出示图片和文字，猜故事——接下来会发生什么事呢？

外科医生格列佛随"羚羊号"出航南太平洋，不幸在范迪门兰遇到了暴风雨，船翻了，其他的同伴也不见了……

预设：

1. 流落荒岛——《鲁滨逊漂流记》——勇敢进取的励志小说

2. 进入海底潜艇，环游世界——《海底两万里》——科幻小说

3. 穿越到别的时代了——穿越小说

4. 天神出现救了他——玄幻小说

5. 外星人出现救了他——科幻小说

……

二、走进文本，探索发现

（一）幻想与想象——"关键词"猜读

> A. 英国著名作家乔治·奥威尔一生中读了这本书不下六次，他说："如果要我开一份书目，列出哪怕其他书都被毁坏时也要保留的六本书，我一定会把它列入其中。"
> B. 自出版以来，它被翻译成数十种文字，成为世界各国文学爱好者的常备书。伏尔泰、拜伦、高尔基、鲁迅都非常推崇的讽刺作品并给予了很高的评价。
> C. 它对英国和世界儿童文学产生过重要影响，尤其是其幻想手法、离奇描写在英国儿童文学史上有开拓意义。
> D、它不仅是英国文学史上的一部伟大的讽刺小说，也为世界文学史揭开了光辉的一页。

1. 从这四个评价，找出关键词，继续猜故事，你会选择哪些关键词？

预设：讽刺小说、幻想手法、离奇描写。

2.《格列佛游记》一共有四卷，各自独立。格列佛四次出海都碰到危险，但每次不仅能化险为夷，还能有别致的奇遇。请看图片，说说你觉得哪一次出游最有趣、最荒诞，你最想看哪一卷的内容呢？

（二）夸张与离奇——文段品读

【阅读提示】丰富的幻想和夸张的想象，离奇曲折的情节有种童话的色彩。

【阅读发现示例】同样一个格列佛，在小人国是战胜敌国的英雄，而在大人国却被蜗牛伤了小腿，反差之大，让人捧腹。

【你的阅读发现】_____

> **小人国——英勇的那达克**
> 我拿出工具，把钩子在每一只船船头的一个孔里套牢，所有缆绳的另一端收拢扎在一起。我这么做的时候，敌人放射了几千支箭，许多箭射中了我的手和脸，不仅使我极度疼痛，工作也大受干扰。我最担心的是我的眼睛，要不是我忽然想到了应急的措施，一双眼睛肯定是没了。我前面已经说过，我在一只秘密口袋里藏了一些日常的小用品，其中就有一副眼镜，这些东西都逃过了皇帝派来的人的搜查。我把眼镜拿出来，尽可能牢地戴在鼻子上；有了这装备之后，就继续大胆地工作起来。尽管敌人还在放箭，好多箭也射中了镜片，但也只是对玻璃片稍有损伤罢了。现在我已套牢了所有的钩子，我拿起绳结，开始拉，可是船一动不动，原来它们都下了锚，死死地停在那里，这样，最需要力气的活儿还在后头呢。我因此先放下绳索，铁钩仍旧搭在船上，取出小刀，果断地割断了系着铁锚的缆绳，这时我的脸上和手上大约中了两百支箭。接着我重又拾起

147

系着铁钩的绳索，轻而易举地将敌方最大的五十艘战舰拖了就走……皇帝断定我是淹死了，半月形的敌舰队正在向我们发动进攻。但过了一会他很快就放心了；我越往前走，海水就越浅，不一会儿工夫，就走到了彼此可以听见喊声的地方。我举起拖舰队来的缆绳的一端，高声呼喊："最强大的利立浦特皇帝万岁！"这位伟大的君王迎我上岸，对我竭尽赞颂，当场就封了他们那里最高的荣誉称号"那达克"给我。

大人国——危机重重

两只老鼠忽然缘着帐幔爬了上来，在床上跑来跑去乱嗅一阵，有一只差点跑到了我脸上，我吓得一下翻身站了起来，抽出腰刀进行自卫。这两只可怕的畜生竟敢对我两面夹攻，其中一只抬起前爪来抓我的衣领，幸亏它还没来得及伤害我，我就将它的肚子剖开了。它倒在了我脚下，另一只看到它同伙的下场立即就跑，但逃跑时背上也狠狠地挨了我一刀，血淋淋地流了出来。大功告成以后，我慢慢地在床上来回走动以平定呼吸，恢复精神。两只畜生有一条大獒犬那么大，但要灵活、凶猛得多，所以要是我睡觉前解去了皮带，我肯定是被它们撕成碎片吞吃了。我量了一下死老鼠的尾巴，发现差一英寸就有两码长了。老鼠的尸身还躺在那里淌血，我感到恶心，但却没有办法把它扔下床去。我见它还有点气，就在它脖子上猛砍了一刀，这才彻底结果了它的性命。有一次是一只正在花园上空盘旋的鸢突然朝我扑来，要不是我果断地拔出腰刀并跑到一个枝叶繁茂的树架下面去，那我肯定是被它抓走了。还有一次是我正在往一个新的鼹鼠窝顶上爬，一下就掉进了鼹鼠运土出来的一个洞里，一直没到脖子那里；衣服弄脏了，我就撒谎给自己找了个借口；至于撒的什么谎，现在已不值得再去多回想了。再有一次是我独自在路上走着，正想着可怜的英国，不小心给一只蜗牛绊倒，撞在蜗牛壳上，伤了右小腿。

【阅读提示】童话色彩只是这部小说的表面特征，尖锐而深刻的讽刺才是其灵魂所在。

【阅读发现示例】黄瓜提取阳光与粪便还原为食物，这样的想法也太讽刺了吧！这些科学家的研究不仅不切实际，而且是荒诞可笑的。

【你的阅读发现】_____

飞岛国——黄瓜阳光与粪便美食

我见到的第一个人形容枯槁，双手和脸都像烟一样的黑，头发、胡子很长，衣衫褴褛，而且有几处被火烧糊了。他的外衣、衬衫和皮肤全是一种颜色。八年来他一直在从事一项设计，想从黄瓜里提取阳光，装到密封的小玻璃瓶里，遇到阴雨湿冷的夏天，就可以放出来让空气温暖。他告诉我，他相信再有八年，他就可以以合理的价格向总督的花园提供阳光了；不过他又抱怨说原料不足，请求我能否给他点什么，也算是对他尖端设计的鼓励吧，特别是现在这个季节，黄瓜价格那么贵。

我走进了另一间屋子，却差点儿被一种臭气熏倒，急着就要退出来。我的向导却硬要我往前走，悄悄地求我不要得罪他们，要不他们会恨我入骨的。我因此吓得连鼻子都不敢堵。这间屋里的设计家是科学院里年资最高的学者，他的脸和胡子呈淡黄色；手上、衣服上布满了污秽。我被介绍给他的时候，他紧紧拥抱了我（我当时实在可以找个借口不受他这种礼遇的）。自从他到科学院工作以来，就是研究怎样把人的粪便还原为食物。他的方法是把粪便分成几个部分，去除从胆汁里来的颜色，让臭气蒸发，再把浮着的唾液除去。每星期人们供应他一桶粪便，那桶大约有布里斯托尔酒桶那么大。

慧骃国——野蛮与文明

  我还没走多远，就碰上了一只动物实实地挡在路上，并且一直向我走来。那丑八怪见到我，就做出种种鬼脸，两眼紧紧地盯着我，就像看一件它从未见过的东西。接着它向我靠拢过来更近了，不知是出于好奇还是想伤害我，一下抬起了前爪。我拔出腰刀，用刀背猛击了它一下；我不敢用锋刃的一面击它，怕当地居民知道我砍死或砍伤了他们的牲口而被激怒。那畜生挨了这一击之后就一面往后退去，一面狂吼起来；这一下立刻就有至少四十头这样的怪兽从邻近的地里跑过来将我围在中心，它们又是嗥又是扮鬼脸。我跑到一棵树干底下，背靠着树，一面挥舞着腰刀不让它们接近我的身体。有几只该死的畜生抓住了我身后的树枝窜到了树上，从那儿开始往我的头上拉屎。我把身子紧贴树干上，总算躲了过去，但差点儿被从四周落下来的粪便的臭气闷死。

  友谊和仁慈是"慧骃"的两种主要美德，这两种美德并不限于个别的"慧骃"而是遍及全"慧骃"类。从最遥远的地方来的陌生客人和最新近的邻居受到的款待是一样的。不管它走到哪里，都像到了自己的家一样。它们非常讲礼貌，可是完全不拘泥于小节。它们绝不溺爱小马，教育子女完全以理性为准绳。

（三）讽刺与批判——知人论世

  小说源于生活，并高于生活，讽刺小说亦然。小说中这些国家的人和事当然不是凭空想象出来的，而是影射当时的英国社会的，读作品就应该读出其中的精髓。请认真阅读以下相关的辅助资料，走进斯威夫特和他的讽刺小说，说说你的阅读发现。

  材料一：讽刺小说是小说的一种。它的特征是用嘲讽的表现手法揭露生活中消极落后和腐朽反动的事物。在艺术表现上，这类小说充分调动各种讽刺艺术手段，用夸张、巧合、漫画式描写等手法突出被描写对象本身的矛盾、可笑或畸形的特征，形成强烈对比，极其简洁尖锐地把人生无价值的东西撕破给人看，引发读者从中得到否定和贬斥丑的精神和情感愉悦，达到警诫教育或暴露、鞭挞、抨击的目的。

  材料二：作者所生活的时代

  17世纪末到18世纪初的英国社会经历了激烈的变革。1688年的光荣革命确立了君主立宪制度，议会分裂成了保皇和倒皇的两派势力，渐渐演变为后来的托利党和辉格党。同时，工业革命和启蒙运动已经在欧洲奠定了"智识至上"的基础，人们争相称颂科学和理性，甚至一味地尊崇理智哲思。作为一名出生在爱尔兰的英国人，斯威夫特目睹了这一切，还亲历了英国对爱尔兰的高压殖民统治，1723年，英国政府委派政治流氓伍德为爱尔兰铸铜币，弄得民不聊生。斯威夫特连续发表几封公开信，鼓励爱尔兰人民起来反对铸币阴谋。他成了爱尔兰民族独立自由运动的领导者。斗争取得胜利后，他又赴伦敦为爱尔兰人民的利益奋斗。

  材料三：文学创作主张

  《格列佛游记》表面上酷似奇幻而诙谐的儿童读物，实际上却是一部对当时英国政治、社会、法律、风俗、习惯暴露深刻、极富战斗性的现实主义作品。他曾经提出过一个文学创作主张，认为"有许多事不能用法律去惩罚，宗教与道德的约束也都不足以使这些干坏事的人改正；只有把他们的罪孽以最强烈的字眼公之于世，才能使他们受人憎恶"。

材料四：墓志铭

1714年安妮女王去世，托利党内阁垮台，斯威夫特被赶出伦敦，回到爱尔兰任副主教，积极参加爱尔兰人民争取自由独立的斗争。斯威夫特为爱尔兰自由独立所进行的斗争，赢得了爱尔兰人民的尊敬。1737年11月，整个爱尔兰用钟声、营火和酒，庆贺他70寿辰。斯威夫特死于精神病的瘫痪，葬礼极其简单。他早在1735年写好墓志铭："如今，狂想再也不能折磨他的心，去吧，过路人，如有可能，请你学习他的榜样，为保卫人类的自由而奋斗！"

三、学无定法　贵在得法

（一）一课一得

结合这节课的学习，请大家谈谈阅读"讽刺小说"，应注意哪几个方面？

1. 在内容上，一要弄清小说故事发生的背景和作者的背景；二要弄清故事情节，从而体会作品的批判精神，讽刺作家塑造人物，叙述故事，锋芒所向并非个别的人，而是以之为典型，针砭时弊，揭露某种社会想象背后的荒谬本质，从而间接地表达对光明的向往。

2. 在形式上，学会欣赏讽刺手法。讽刺作品的笔法是多种多样的，在看似子虚乌有的情节和夸张变形的描写中曲折地揭示现实矛盾，是讽刺作品常见的一种手法。

3. 联系现实深入理解。讽刺作品包含着深刻的批判精神，具有强烈的爱憎情感，阅读时要努力联系现实，深入思考。

（二）导读攻略

阅读策略	时间	阅读角度	阅读策略
第一阶段·略读	8天	趣味·《格列佛游记》	每两天一卷，梳理小说的故事情节，通过完成阅读任务，并圈画精彩描写，去揣摩他们的内心世界
第二阶段·精读	4天	讽刺·《格列佛游记》	精读每卷中的"讽刺"篇章。通过摘抄、批注，品味作品中富有表现力的语言，再结合背景，体会作品字里行间的批判精神
第三阶段·悟读	3天	我的《格列佛游记》	通过对比阅读，反思小说的现实意义。观看电影，进行电影与文本对比的交流；阅读不同时期他人的读后感，感受小说对人的劣根性的批判与反思

四、课堂小结

通过这节课的学习，我们认识斯威夫特和《格列佛游记》。斯威夫特用丰富的讽刺手法和虚构的幻想创作出了荒诞而离奇的情节，让我们了解到讽刺小说的独特魅力。通过时代背景的分析，我们才发现那份荒诞离奇之下，是他苦涩而热切的忧世情怀。期待大家在接下来的阅读中能有更多属于自己的收获。

五、作业布置

参照导读攻略安排阅读计划，并完成相应的阅读任务。

讽刺故事，批判现实！
——《格列佛游记》研读课

【研读目标】

1. 结合思维导图，梳理整本书中讽刺意味浓厚的故事情节。
2. 通过对比分析，赏析讽刺手法及其作用。
3. 通过视角分析，理解整本书四卷故事之间的内在联系，感受作者对人性的批判和鞭挞。

【研读重点】

1. 结合思维导图，梳理整本书中讽刺意味浓厚的故事情节。
2. 通过对比分析，赏析讽刺手法及其作用。

【研读难点】理解整本书四卷故事之间的内在联系，感受作者对人性的批判和鞭挞。

【研读过程】

一、结合背景·了解讽刺故事

1. 《格列佛游记》中，你最喜欢的故事是哪一个？说说你喜欢他的理由是什么？
2. 出示英国政史，在《格列佛游记》中有哪些情节是和这节历史相照应的？

> 17世纪末到18世纪初的英国社会经历了激烈的变革。1688年的光荣革命确立了君主立宪制度，议会分裂成了保皇和倒皇的两派势力，渐渐演变为后来的托利党和辉格党。同时，工业革命和启蒙运动已经在欧洲奠定了"智识至上"的基础，人们争相称颂科学和理性，甚至一味地尊崇理智哲思。作为一名出生在爱尔兰的英国人，斯威夫特目睹了这一切，还亲历了英国对爱尔兰的高压殖民统治，1723年，英国政府委派政治流氓伍德为爱尔兰铸铜币，弄得民不聊生。斯威夫特连续发表几封公开信，鼓励爱尔兰人民起来反对铸币阴谋。他成了爱尔兰民族独立自由运动的领导者。斗争取得胜利后，他又赴伦敦为爱尔兰人民的利益奋斗。

（1）托利党和辉格党——小人国：高跟党和低跟党的斗争

(2) 智识至上——飞岛：拉格多大科学院的实验

(3) 铸铜币，弄得民不聊生——飞岛：巴尔尼巴比的城镇民不聊生。

(4) 英国对爱尔兰的高压殖民统治——飞岛对不服从的岛屿的镇压。

【明确】格列佛游记是影射英国当时政治的。

二、走进文本·发现字里行间的讽刺

讽刺小说是小说的一种，它的特征是用嘲讽的表现手法揭露生活中消极落后和腐朽反动的事物。在艺术表现上，这类小说充分调动各种讽刺艺术手段，用夸张、巧合、漫画式描写等手法突出被描写对象本身的矛盾、可笑或畸形的特征，形成强烈对比，极其简洁尖锐地把人生无价值的东西撕破给人看，引发读者从中得到否定和贬斥丑的精神和情感愉悦，达到警诫教育或暴露、鞭挞、抨击的目的。

郭沫若评价中国的古典讽刺小说蒲松龄《聊斋志异》："写鬼写妖高人一等；刺贪刺虐入骨三分。"那么同样是讽刺小说的《格列佛游记》在讽刺手法的运用上又有什么特点呢？请比较下列三组语段，说说你的阅读发现。再试着仿照示例，补充你的阅读发现。

【反讽的讽刺】
1. 大人国第六章格列佛选段：亲爱的读者们，你们替我想想，此刻我多么希望自己能有德摩斯梯尼或西塞罗的口才呀！那样我就可以用适当的方式，歌颂自己祖国的丰功伟绩，表达对祖国国泰民安、世运昌盛的赞美。
2. 大人国第六章大人国国王选段：他对我所述说的近百年来我国的大事记感到十分惊讶，不以为然地说，那不过是一大堆阴谋、叛乱、暗杀、大屠杀、革命和流放，是贪婪、党派纷争、虚伪、背信弃义、残暴、愤怒、仇恨、嫉妒、淫欲、阴险和野心所能产生的最可恶的恶果。

【我的发现】同样是英国历史，格列佛和国王的看法完全相反：_____

【夸张的讽刺】
1. 小人国选段：随着我来到的消息传播开来，引得无数富人、闲人和好奇人士纷纷前来观看。乡村里的人几乎走光了。要不是国王下令颁布公告制止这种骚乱，就会出现无人耕种、无人理家的局面。于是国王明令那些已经见过我的人必须回家，没有朝廷的许可，不得擅自走进离我的房子五十码的地方。
2. 大人国选段：方圆一百英里的绅士听说了我的传闻，都赶到主人家看我。当时带着妻子儿女来看我的人不下三十人。每个家庭，我主人都按一屋子的人收费。

【我的发现】同样是写大家对格列佛的好奇，<u>两卷游记都用了夸张的手法来讽刺人民的疯狂</u>。

152

【对比的讽刺】
1. 小人国选段：国王希望我另找机会，将敌人其他的舰只统统带回他的港口，君王们的野心真是深不可测，恨不得把整个布莱夫斯库变成他们的行省，派一个总督去统治。他想消灭大端流亡者，镇压那些从大端打破鸡蛋的人民，使他成为世界上独一无二的君王。我竭力打消他的这一念头，列举了政策方面和正义方面的许多证据。我明白表示：自己不愿成为一种工具，使一个自由、勇敢的民族沦为奴隶。
2. 大人国选段：格列佛提出可以用炸药来控制臣民，如果京城的人民胆敢违抗陛下的旨意，甚至还可以将整个京城炸毁。我谨将这一策略先给国王陛下，略表寸心，来报答我多次受到的恩典和庇护。国王听到我谈论这种可怕的建议，却大为震惊。他很诧异像我这么一个卑微无能的昆虫竟有如此不人道的念头，并且说得这么随随便便，似乎将这种毁灭性所造成的流血和破坏结果看得很平常，丝毫无动于衷。他说，最先发明这种机器的人一定是魔鬼之流，人类的公敌。甚至于说到他自己，他坚决地说，虽然没有什么比艺术或自然界的新发现更令他愉快了，但宁愿抛却半壁江山，也不想参与这样一件秘密。他命令我，想要保全性命，就永远不要再提此事。

【我的发现】同样是战争，小人国的国王和大人国的国王的态度是截然不同的：_____

【_____的讽刺】
【文章句子】_____
【我的发现】_____

三、视角分析·感受入木三分的讽刺

有人说，既然整本游记就是对英国现状的各种批判和讽刺，那我只要阅读前两卷的游记就够了，翻拍的各种电影也就是翻拍前两卷的游记。第三卷和第四卷的游记不看也罢，你认同这种观点吗？请试着完成整本书四卷的归纳表格，去发现它们之间的内在联系。

篇章	批判视角	讽刺对象	格列佛对英国的态度	周围的人对格列佛的态度	四卷故事之间的关系
小人国	用巨人的眼光	英国政坛			
大人国	以小矮人的角度	英国的制度			
飞岛国	以平常的心态	英国的伪科学			
慧骃国	以理性动物的角度审视	英国资产阶级和贵族文明			

【明确】表面来看，这四个章节各自都构成了一个完整的故事，但整体上，我们看到的是格列佛的人类尊严和傲慢被逐渐贬低直到消亡的过程。

在小人国和大人国时，格列佛虽然被当地人看作违反自然规律的存在，可他始终

坚持维护自己和英国的尊严。在飞岛见证了永生的神话破灭后，再度被看成非理性的格列佛放弃了对人性的维护，转而承认自己和人类这个种族都是荒谬可笑的野蛮动物，小说的讽刺对象也从前两章中具体的人物和事件变成了更加抽象的观念。

此外，随着格列佛对人类方方面面理想的幻灭，他作为叙事者的视角也渐渐从故事里抽离了出来，从前两章中的"被看者"变成了游离在外的"旁观者"。与普通游记小说不同，格列佛并非一个进步的主人公，他只是在一再重复之前的错误，也就印证了斯威夫特对人类弱点的看法，他认为人类的本质就是有瑕疵的，偏偏他们又拒绝从过往的经历中吸取教训，也就无法从失败的教训里成长起来。

四、课堂小结

"有许多事不能用法律去惩罚，宗教与道德的约束也都不足以使这些干坏事的人改正；只有把他们的罪孽以最强烈的字眼公之于世，才能使他们受人憎恶。"《格列佛游记》表面上酷似奇幻而诙谐的儿童读物，实际上却是一部对当时英国政治、社会、法律、风俗、习惯暴露深刻、极富战斗性的现实主义作品。

五、作业布置——续写故事　书写讽刺趣味

《格列佛游记》中除了格列佛是贯穿全书的中心人物。书中的人物常常在登场数回之后，旋即退场，从此不再出现。比如小人国的财政大臣弗林奈普，比如飞岛国的那些科学家们，他们退场之后的生活将会如何呢？又会有哪些故事呢？选择书中的一个人物，发挥想象，续写他的故事。

1. 打开思路，天马行空，尽情想象，不妨设置一些悬念，让故事更加吸引人。

2. 人物刻画和情节设计要符合其性格特征，不能脱离原著。

3. 《格列佛游记》特别善于用富有意味的细节来塑造人物，揭示讽刺主题，尝试在自己的写作中学习这种笔法。

精品线路·网红景点
——《格列佛游记》交流课

【交流目标】

1. 通过活动展示，整理、固化、表达自己的阅读成果。

2. 在交流中深入思考，对整本书的意义和价值有个人独特的理解和体会。

【交流重点】根据小组所选的探究主题，概括小组探究的内容。

【交流过程】

一、导入

有人说，一个人生命延续的三种方式：旅行、读书和健身。所以，要么旅行，要么读书，身体和灵魂必须有一个在路上。今天，我们就带着去旅游的心情，跟大家分享《格列佛游记》的阅读体会吧。

二、我的地盘我做主

（一）精品旅游线路设计

斯威夫特是一位善于联想和想象的作家，我们又何尝不是一群善于联想和想象的学生呢！最近横店影视城想打造一个《格列佛游记》景园，供游客们一日游。可是《格列佛游记》是长篇章回体小说，内容繁多，而景园的场地有限。想象一下，如果你是总设计师，你会确定怎样的主题来选择设计景点？请小组派同学来展示你们的思维导图，并做线路宣传讲解。

> 示例：旅游主题：民俗风情之旅
> 　　　旅游线路：小人国第四章—飞岛国第九章—慧骃国第八章
> 　　　旅游宣传词：走进小人国，你将领略到斜着从纸的一角写到另一角的独特书写方式，你也可以看到让死人的头直接朝下的殡葬方式，只为了让他复活的时候可以站立。走进飞岛国，你将领略到长生不老的人晚景的凄凉和不堪，你也可以看到觐见国王要舔他脚下的尘土的独特方式。走进慧骃国，你会看到慧骃们理智的教育方式，也会领略到他们夫妻间和谐的相处，你会被他们之间深深的敬爱所打动。不同的民俗，不同的味道，请带上一颗感受的心，跟随我们开启民俗之旅吧！

（二）打卡网红景点

如今，前往一个网红景点打卡，成为许多人出门外游的目的，出行之前还要从各大社交网站上看看有哪些是网红打卡点。强迫症告诉他们，一定要多拍几张照片，发个定位打个卡，才算到此一游。

那么在《格列佛游记》中，你认为哪个地点可以作为网红的打卡经典景区呢？又是怎样精彩的故事，让它成为网红景点呢？《格列佛游记》中写了许多不同地域的人物故事。有的故事篇幅稍长，展现了地域特有人物的多个侧面。有些故事则寥寥数笔，但都含义深远，韵味悠长。选择一个你最喜欢的经典故事，讲给大家听。

> 要求：
> 1. 梳理你想讲述的故事情节，准备一个简要的提纲。
> 2. 讲述时既要抓住故事梗概，也要注意一些生动的细节，让自己的讲述更加有吸引力。
> 3. 注意体会故事中包含着作者的情感态度，努力在自己的讲述中体现出来。
> 4. 讲述你的阅读心得体会，说说你推荐它作为网红打卡景点的理由。
> 提醒：我们将用全班投票的方式选出最佳网红景点，请务必说出非去不可的理由哦！

（三）我为"爱豆"打call

结束一天完美的旅行，怎么能两手空空地回家呢？当然得带点纪念品回家，抱个可爱又萌的卡通玩偶回家如何！如果你是景区商店的老板，你认为《格列佛游记》中哪些人物或动物会成为阅读者的"爱豆"（"爱豆"的英文单词"idol"的谐音，是偶像、崇拜对象的意思，成为广大追星族的惯对偶像的惯用），把它们做成卡通玩偶会大受欢迎呢？

> 要求：
> 爱豆：慧骃
> 设计形象：满脸微笑的四匹马一家（慧骃一般只生育一对子女）
> 理由：友谊和仁慈是"慧骃"的两种主要美德，它们是理智和善良的象征。虽然在游记中慧骃是为了和耶胡形成对比来突出人性的卑劣，但是一点不妨碍慧骃高大的形象和圣洁的品质带给我们的警示和震撼。如果选择慧骃作为玩偶的话，肯定能得到游客的认同。

（四）其他小组点评、质疑，教师补充

三、小结

这节课的读书交流会真是一次非常愉快的旅行，我们根据不同的旅游主题，把《格列佛游记》认真地游览了一遍，领略到不同国家的特别风情。还去有斯威夫特特色的网红景点进行旅游打卡，不同的同学认为网红打卡的景点不同，这些不同都是大家深入思考，对整本书的意义和价值有个人独特的理解和体会的表现。最后，大家都收获了自己心爱的"爱豆"玩偶，把旅行的快乐带回家与家人分享。看来这次的格列佛之旅，是不虚此行呀！

我是猫

——【日】夏目漱石

一、作品介绍

《我是猫》是日本文学巨匠夏目漱石的经典代表作。这是一部形式独特的批判现实主义小说，其最大的独特之处在于叙述视角。小说以一只猫的视角展开叙事，主要情节围绕金田小姐的婚事引起的风波而展开。通过这只猫的所见所闻，小说展现了苦沙弥、迷亭、寒月等知识分子以及以金田为代表的资本家的生活面貌；通过这只猫对人的种种幽默且辛辣的评价，有力地揭露了资产阶级的本质，批判了社会的拜金主义风气。独特的叙述视角，让作者能够更加从容且尽情地表达他的戏谑与批判，并通过一幕幕滑稽、丑陋的场景，取得很好的喜剧效果。

二、实施要求

（一）合理规划阅读时间

布置学生每日定量的阅读内容与阅读任务，让他们坚持阅读与思考。同时，可用一周的时间进行小组合作的剧本改写与排练，并用一节课的时间让各小组表演展示所改写的剧本。

（二）落实外国小说的阅读方法

本次名著阅读所指导的是"外国小说的阅读"相关方法，是在《简·爱》的阅读基础之上进一步落实。阅读外国小说，首先当然要关注小说的基本要素，如情节、人物、主题等。同时还需要引导学生把握这几点：（1）了解小说的创作背景；（2）理解小说的文化内涵；（3）关注小说的叙事角度；（4）体会小说的语言特点。

（三）在课本剧表演中促进理解

在学生阅读完全书后，组织学生进行小组合作，选择喜欢的书中片段（主要内容是苦沙弥家或金田家的座谈），进行课本剧的改写。剧本的改写，可以对内容适当作删改（大体内容不变），适当添加一些动作、表情等，表演时间控制在 6 分钟左右。在剧本的改写与表演的过程中，能够让学生快速进入小说人物的内心，从而理解小说人物的特点，并由此深入体会小说的主题。

三、导读攻略

根据"实施要求"中的具体内容，开展具体的阅读活动。本书的阅读进程可分为如下两个阶段：

第一阶段：阅读·交流

1. 阅读安排

《我是猫》共有十一章，根据其第一章较短与第十一章较长而其他几章篇幅相近的特点，安排十二天的阅读计划，即：第一章至第十章每天一章，第十一章阅读两天，共十二天。同时布置相应的阅读任务，具体任务如下：

（1）原文每一章节只有序号，没有具体标题，请在阅读完每一章节后，根据章节内容，为每一章节起一个恰当的标题。根据标题的内容，最后将评选出班级的"最佳标题"，分金奖一名、银奖三名、铜奖六名。

（2）小说通过一只猫的角度，观察人类社会。这是一只"灵猫"，是一只善思索、有见识、喜议论、好调侃并富于正义感的猫。它常通过主人及其狭小生活圈子的点滴，对人类社会的种种发表议论或吐露妙语警句，发人深省。请你在阅读的过程中摘录出这只猫对人评价的语句，并选择一句，结合你的生活经验，谈谈你的理解。

2. 阅读任务单

每日定量的阅读内容与阅读任务，坚持阅读与思考。附阅读任务单：

阅读时间	阅读章节	标题（根据章节内容起一恰当标题）	摘录语句（摘录猫关于人的评价的语句）	你的理解（选一句你摘录的语句，谈谈你的理解）
第一天	一			
第二天	二			
第三天	三			
第四天	四			
第五天	五			
第六天	六			
第七天	七			
第八天	八			
第九天	九			
第十天	十			

续表

阅读时间	阅读章节	标题（根据章节内容起一恰当标题）	摘录语句（摘录猫关于人的评价的语句）	你的理解（选一句你摘录的语句，谈谈你的理解）
第十一天/第十二天	十一			

第二阶段：改写·表演

1. 剧本改写

请在阅读完整本书后，小组交流，选取片段（主要内容是苦沙弥家或金田家的座谈），合作改写成课本剧。剧本的改写，可以对内容适当作删改（大体内容不变），适当添加一些动作、表情等，表演时间控制在6分钟左右。剧本改写以及对剧本内容进行排演的时间共为一周。

2. 表演与评价

在剧本展示课中，各小组将所改写的课本剧以具体的表演形式展示出来。小组在表演的过程中，其他小组成员以及老师为表演小组评分。根据最后的评分结果，评选出一份"最佳剧本"与一个"影帝小组"。

附《"最佳剧本"评分标准》与《"影帝小组"评分标准》

	"最佳剧本"评分标准				
组别	截取的片段具有代表性（2分）	删改合理，内容大致与原文相同（3分）	增加的内容具有创意，能够突出主题（3分）	篇幅适当，重点突出（2分）	总分

	"影帝小组"评分标准				
组别	布景与道具准备充分，有创意（2分）	表演过程流畅（2分）	表演神态与动作展现原文人物特点（3分）	表演具有感染力，现场氛围很好（3分）	总分

我是只猫儿

——《我是猫》导读课

【导读目标】

1. 了解作者及本书的写作背景。

2. 了解本书独特的叙事角度,体会其妙处。

3. 激发阅读兴趣,明确"关注与品味猫的妙语警句"的阅读方向。

【导读重点】明确"关注与品味猫的妙语警句"的阅读方向。

【导读难点】本书独特的写作视角,体会其妙处。

【导读过程】

一、导入

屏显:

我是一片雪,轻盈地落在了玉龙雪山顶上。

有一天,我醒来,发现自己变成了坚硬的冰。和更多的冰挤在一起,缓缓向下流动。在许多年的沉睡里,我变成了玉龙雪山冰川的一部分。我望见了山下绿色的盆地——丽江坝。望见了森林、田野和村庄。张望的时候,我被阳光融化成了一滴水。我想起来,自己的前生,在从高空的雾气化为一片雪,又凝成一粒冰之前,也是一滴水。

——阿来《一滴水经过丽江》

学生齐读这两段话,回忆文章,谈谈这篇文章写作角度的妙处。

预设:以一滴水的角度游丽江,视角独特新颖,可以表现正常人的视角所见不到的景象。

师:根据不同的表达需求,作家会选择不同的叙事角度展开叙述,以求得更好的表达效果。今天开始,我们要一起阅读一本书——《我是猫》。从题目可以看出,这本书就是以一只猫的视角展开叙事的。

二、一只猫的看见

屏显:

"好奇心害死猫"这句话,一说是出自1912年尤金·奥尼尔所写的剧本。原因是猫喜欢用鼻子到处嗅。

请你展开想象，以图片中这只猫的视角能看见什么？会想些什么？写一段话，并与大家分享。

学生自主动笔写作，并做交流。

预设：我忽地跳上主人的书桌，这台子还蛮宽大，只是一个发着光的平面倒很晃眼，还有各种图案，更增加其辉煌。我不能长时间瞻仰，只得低头。才低头，就看见一个圆柱形的小东西，很是有趣，我推了一下，却不怎么滚动，原来有一段有凸起，顿感无趣。我转身跳下书桌。主人竟常在这无趣的桌上呆一整天，却不和我玩耍，真是不可思议。

三、一只会思考的猫

请阅读本书第一章的1至8段，并小组内讨论：书中的猫看到了什么？想到了什么？与我们刚才所想象的有何不同？

学生阅读并小组合作谈论。

预设：书中的猫所看见的都与人有关，准确地说更像是在观察人，尤其是观察他的主人苦沙弥。它所想的也不像我们刚才所想的那样幼稚，它很有思想，具有批判精神，如它说"我和人同居，经过仔细观察，我断言他们都是极其任性的"，然后用主人的女儿的实例论证。看起来，这只猫喜欢对人世社会大发议论。

屏显：
这是一只善思索、有见识、喜议论、好调侃并且富于正义感的猫。

——刘振瀛

请阅读本书的写作背景，结合这只猫的特点，猜测一下小说接下来的走势，并分析以一只猫的视角来写有什么好处。

屏显：

日本在明治初期，对外开放，努力吸收西方文明，民众以极大的热情学习西方，而这种学习更多地带有盲目性，由于不加选择，只要是好的，就照搬照抄，完全失去判断和选择性。比如以前日本民众虽然也注意养生，对饮食、生活环境等方面有要求，但像洗海水浴，对于从小身处海边的绝大多数日本人来说，是一项再平常不过的运动了。可是，当西方的思想大量传播到日本时，由于西方人推崇这项运动，日本人也开始重新审视它，并把它当做一项时髦的运动。

日俄战争以后，日本资本主义迅速发展，资本家剥削工人阶级越发严重，阶级分化日趋严重，人们的价值观也发生了巨大的变化，金钱成为人们竞相追逐的对象，道德标准下降，拜金主义日益严重。近代日本社会是金钱统治一切。

预设：小说接下来将继续在这只猫的观察中展开，这只猫将围绕其主人及其生活圈发现日本当时社会中的种种弊病。"猫"为视角能够突破一定的局限，猫的眼光、视线与人大相径庭，并且以猫的思维来看待整个环境则使整个传统的视角被完全颠覆。如第一章中的"在那儿第一次看见了人这种怪物"，这是开篇以猫的视角交待了自己在出生后见到了正在照料家务的书童，即"人"。此处不难看出其行文的独特性，如果以人的视角，则写不出"人类这种怪物"这样的语句。但通过猫，这种独特的怪异语句便毫无违和感地出现了。以猫的视角展开叙事，增添了小说的幽默性与批判性。

屏显：

《我是猫》用漫画式的夸张手法，以敏锐的观察力，是一部极具批判现实主义精神的优秀的文学作品，给后世以深刻的启示。

——刘振瀛

猫儿是"我"

——《我是猫》研读课

【研读目标】

1. 通过改编话剧的表演，分析苦沙弥等人物形象特点。
2. 理解小说人物对话背后隐藏的作者想法。
3. 体会作者对当时社会拜金主义风气的批判。

【研读重点】通过改编话剧的表演，分析苦沙弥等人物形象特点，理解小说人物对话背后隐藏的作者想法。

【研读难点】体会作者对当时社会拜金主义风气的批判。

【课前准备】

指定一个小组，根据本册的第五单元关于"剧本"的活动·探究单元的学习，将书中的第四章改写成剧本，教师把关、交流、讨论、修改。定稿后，小组人员进行排练，在课上进行展示。

【研读过程】

一、欣赏表演

屏显：

带着下面这个任务，观看课本剧表演：

关注演员的表演，其动作与神态是否到位？是否符合原著小说中人物形象的特点？表演结束后，小组合作交流，由小组长做简单汇报。

"课前准备"中安排的小组进行课本剧的表演（时间大致 8 分钟左右），其他组成员带着任务观看表演，纸笔在手，随时记录。

二、看那"剧中人"

表演结束后，各小组围绕刚才的任务开展合作探究，并由小组长汇报。

预设：苦沙弥为人正直、善良、蔑视权贵、甘居清贫。他对现实不满，厌恶资本家，尤其敢于蔑视资本家的走狗，如在铃木提到金田的时候，他直接生气地说："是金田？他算什么东西！"

铃木籘十郎则是一个趋炎附势、虚伪之人。他在金田面前附和着金田贬低苦沙弥，又在苦沙弥面前贬低迷亭，实在是个拜金主义的小人。

迷亭却是玩世不恭、机智多敏、风趣幽默、锋芒毕露之人。他最后用"古时候希腊人非常重视体育，所有竞技项目都设有重奖而独对学者的知识却毫无褒奖的记录"的谜底探究指出"金钱比不上学识"，由此表达金田女儿配不上寒月，实在是精彩的论辩！

三、背后的"我"

屏显：

铃木：是吗？话也不能说得那么绝。有些人，是有点卑贱。总而言之，如果不下定'人为财死'的决心，是干不来这一行的。不过，这钱嘛，可不是好惹的。刚才我还在一位实业家那里听说，要想发财，必须实行'三绝战术'——绝义、绝情、绝廉耻。多有意思！哈哈……

问：作为一个趋炎附势、虚伪的拜金主义者，铃木怎么会说这样的话呢？

预设：铃木的拜金主义深入骨髓，觉得要想发财的"三绝战术"是很正常的。当然，其实更重要的是作者让铃木说这样一句话，是想直接通过作品中的人物的话语展开对当时社会拜金主义风气的批判！

师：请你快速翻阅小说的第四章，找一找在苦沙弥他们的对话中，还有哪些话是作者真正想说的话？他真正想说的是什么？小组合作查找，小组长做好汇报。

小组合作翻阅、讨论。

预设："由此可见，金钱比不上学识是不难理解的了！且说，我们既然信服了这条真理，那就不妨在眼前的事实上应用一番。金田算个什么东西！难道不是个见钱眼开的家伙吗？打个精辟的比喻，他不过是一张流通券罢了。小姐既然是流通券的女儿，顶多不过是一张邮票！"作者通过迷亭的一段关于"古时候希腊人非常重视体育，所有竞技项目都设有重奖而独对学者的知识却毫无褒奖的记录"的谜底探究，提出了"金钱比不上学识"的观点。这是迷亭的观点，其实就是作者的观点。作者还把金田先生比作一张"流通券"，把金田的女儿比作"邮票"，表达了作者对拜金主义的资本家的鄙夷与不屑。

屏显：文章合为时而著，歌诗合为事而作。

——白居易《与元九书》

师：根据本书的内容及我们刚才的讨论，请你谈谈你对白居易这句的理解。

学生思考、发言。

预设："为时而著"的"时"，即时代之意也。"为时而著"，即意味着作家对时代的一种关注，对现实社会的一种关切，对改造社会、促进社会进步的一种责任和使命。正如本书《我是猫》的诞生，在"日俄战争以后，日本资本主义迅速发展，资本家剥削工人阶级越发严重，阶级分化日趋严重，人们的价值观也发生了巨大的变化，金钱成为人们竞相追逐的对象，道德标准下降，拜金主义日益严重"这一背景之下，其使命便是对当时社会拜金主义风气的揭露与批判。

附剧本片段示例：

《我是猫》剧本（四）

地　点　苦沙弥家

人　物　苦沙弥、铃木、迷亭、女仆

　　　　启幕，响起铃木的声音："请问，有人吗？"女仆与苦沙弥登场。女仆将名片递与苦沙弥便下场。

苦沙弥　（略有惊色）把他让进来。（小声面向观众）待我往茅厕走一遭。（下）传来女仆说了声"您请"，接着，铃木先生登场，将室内巡视一番。但见壁橱里挂着一幅假冒木庵的画轴《花开万国春》，一个京都产的廉价青瓷瓶里插着春分前后开放的樱花。之后，苦沙弥边整衣服边上场，"噢！"的一声打个招呼便坐下，但手里的那张名片已经荡然无存。

苦沙弥　稀客呀！几时到东京来的？（对老朋友劝坐）

铃　木　（将坐垫翻了过来，然后坐下）一直忙乱，也没有打个招呼。老实说，最近我已经调回东京的总公司了。

苦沙弥　十年当中，你变化很大呀！（苦沙弥上下打量着铃木先生）

铃　　木　就连这个，也非戴上不可呢！（铃木频频引导苦沙弥欣赏他的项链）

苦沙弥　这是纯金的吗？

铃　　木　是十八K金的呀！你也很见老啊！真的，应该有孩子啦。一个？

苦沙弥　不！

铃　　木　两个？

苦沙弥　不！

铃　　木　还多？那么，三个？

苦沙弥　嗳，三个。不知以后还会有多少！

铃　　木　还是那么爱逗乐子。最大的几岁？不小了吧？

苦沙弥　噢，我也搞不清几岁，约摸六七岁吧！

铃　　木　哈哈……当教师的可真逍遥自在。我也当个教师就好了。

苦沙弥　你当当看吧，不出三天就会厌烦的。

铃　　木　是吗？不是说，高尚、快活、清闲，爱学什么就学什么吗？这不是很好吗？当个实业家也不坏，但是，如我者流就吃不开。若当，非当个大个的不可。当个小的，不得不到处进行无聊的逢迎，或是接过并非情愿的酒杯。

苦沙弥　我从在校时期就非常讨厌实业家。只要给钱，他们什么事都干得出。借用一句古话："市井小人嘛！"

铃　　木　是吗？话也不能说得那么绝。有些人，是有点卑贱。总而言之，如果不下定"人为财死"的决心，是干不来这一行的。不过，这钱嘛，可不是好惹的。刚才我还在一位实业家那里听说，要想发财，必须实行"三绝战术"——绝义、绝情、绝廉耻。多有意思！哈哈……

苦沙弥　（微有怒色）是哪个混蛋说的？

铃　　木　那不是个混蛋。是个非常精明强干的人，在产业界颇有名气，你不知道？就住在前面那条胡同。

苦沙弥　（厉声）是金田？他算什么东西！

铃　　木　好大的火气呀！唉，这算得了什么，不过是开个玩笑，意思是连这"三绝"都做不到，就甭想赚钱！像你那么认真分析，可就糟了。我这次来，是和你有点事的。那个，听说原来是你教过的，叫做水岛……水岛……唉，一时想不起。噢，听说常到你这儿来。

苦沙弥　是寒月吗？

铃　　木　　对呀，对呀，是寒月。我就是为了解他的情况才来的。

苦沙弥　　是为了一桩婚事吧？

铃　　木　　噢，贴点边儿。我今天到金田那里……

苦沙弥　　（冷笑抢着说到）前些天"鼻子"已经亲自出马了。

铃　　木　　（小心谨慎）是呀，金田太太也是这么说的。她想向苦沙弥先生虚心请教，可是一来，赶巧迷亭也在，听说他七三八四的，以致弄不出个青红皂白。她说，上次只因迷亭在场，不便过细地打听，觉得遗憾，托我再来一次详细问问。我还从来没有帮过这种忙。假如男女双方不嫌弃，我从中成全一下，倒也绝不是件坏事。因此，我才前来造访。

苦沙弥　　（冷冷地）辛苦啦！喂，那个姑娘愿意嫁给寒月吗？姑娘本人的心意如何呀？

铃　　木　　（吞吞吐吐）这个嘛……怎么说呢……据说……哎，大概愿意吧！

苦沙弥　　"大概？"这太含糊其辞！

铃　　木　　不，这是我的话有语病。小姐确实有意。唉，是真的呀……嗯？太太对我说过的。据说她也常常骂几声寒月呢。

苦沙弥　　（惊讶）那个姑娘？

铃　　木　　嗳。

苦沙弥　　（生气）岂有此理，还骂人！这不是最清楚地表明，她对寒月没有意思吗？

铃　　木　　说到点子上啦！世上就是这么蹊跷，有些人对自己喜欢的人骂得更凶呢。

苦沙弥　　哪里有这样的糊涂虫？

铃　　木　　世上那种糊涂虫多得很，有什么办法。刚刚金田太太也是这么解释："小姐时常骂寒月先生是个稀里糊涂的窝囊废，这正说明小姐心里一定是非常思念着寒月呀！"小姐有那么多的财产，那么一副俊俏的模样，走到天边，也能嫁个好不错的人家。就说寒月吧，也许很了不起，但是提起身份……不，说身份，这有点冒失，是说从财产方面来看，这个么任凭谁也会觉得他二人并不般配。尽管如此，二位老人仍是费尽心机，为了这事，特地派我来走一趟，这不说明小姐对寒月有意吗？对方表示，什么金钱、财产的，一概不要，但求寒月能够取得个资格。——所谓资格，学衔吧！——倒不是说小姐端架子，只有当上博士才肯嫁。请不要误会。上次金田太太来，只因迷亭兄在场，净说些奇谈怪论……噢，这不怪你呀。太太还夸你是个真诚坦率的好人啦！那一次全怪迷亭……再者，人家说，寒月如果成了博士，女方在社会上也就脸上有光，格外体面。怎么样？短期内水岛君不好提出博士论文，争取授博士学位吗？……唉，如果只有金田一家，什么博士、学士的，都不需要，只因有个社会嘛，就不那么简单喽！

苦沙弥　那么，下次寒月来，我劝他写一篇博士论文吧！不过，寒月到底想不想娶金田小姐，必须首先盘问清楚。

铃　木　（紧张）盘问清楚？你若是态度那么生硬，是办不好事情的。还是在平常谈话时，有意无意地试探一下，才是捷径。

苦沙弥　试探一下？

铃　木　嗳！说是"试探"也许有点语病。咳，不用试探，谈话当中自然会搞清楚的。

苦沙弥　你也许清楚，可我，不问个水落石出是不会清楚的。

铃　木　不清楚嘛，也没什么。但是，像迷亭那样乱打岔，破坏人家谈话可不好。

这时，迷亭先生照例架着轻风从后门飘然而至。

机智的猫

——《我是猫》交流课

【交流目标】

1. 理解本书中这只猫的形象特点，体味反讽的精彩使用。
2. 体会在"猫"的机智背后所表现出的作者对人性的犀利解剖。
3. 在"猫之语"中理解人性，从而自省。

【交流重点】品味本书的语言特点，体味反讽的精彩使用。

【交流难点】体会在"猫"的机智背后所表现出的作者对人性的犀利解剖，在"猫之语"中理解人性，从而自省。

【课前准备】

学生小组合作，将各个组员在"阅读任务单"中摘录的猫关于人的评价的语句在交流讨论中筛选出来，集结成一本题为《喵子曰》的小册子，可自行设计封面。

【交流过程】

一、哪只是真猫

屏显：

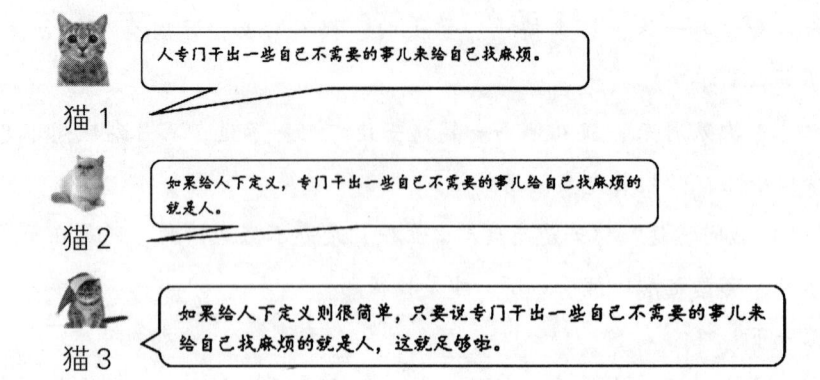

猫1：人专门干出一些自己不需要的事儿来给自己找麻烦。

猫2：如果给人下定义，专门干出一些自己不需要的事儿给自己找麻烦的就是人。

猫3：如果给人下定义则很简单，只要说专门干出一些自己不需要的事儿来给自己找麻烦的就是人，这就足够啦。

辨一辨：根据你的阅读感受，说一说这三只猫哪一只才是小说中的那只猫，为什么？

学生思考，同桌间交流。

预设：第三只才是小说中的猫。第一只并不像是从猫的角度去评价人类，所以视角有问题。而第二只看起来是猫的视角，但这只猫好像有点严肃，一本正经了。第三只所说的语调颇有趣味，以一种反语的形式调侃人类，与本书中的猫相吻合。小说中常常通过这只猫的反语表达出对当时社会现象的揭露与批判。

屏显：这是一只善思索、有见识、喜议论、好调侃并且富于正义感的猫。

——刘振瀛

这是一只善思索、有见识、喜议论、好调侃、富于正义感并且＿＿＿＿＿＿＿的猫。

师：根据你的阅读感受，请你们给刘振瀛的这句话加上一些词语，让这只猫的形象更加鲜明一些。

预设：这是一只善思索、有见识、喜议论、好调侃、富于正义感并且轻视资本家的猫。

二、喵子曰

师：这只善思索、有见识、喜议论、好调侃、富于正义感的猫，用一种调侃的语调，说出了许多精彩的语句，将我们的人性解剖得淋漓尽致。请大家拿出你们所整理的小册子《喵子曰》。在你们整理编辑《喵子曰》的过程中，有哪句话让你最为触动，你们最想与我们分享的是哪句话？通过这句话，你们想告诉我们什么呢？请小组讨论，参考下面的格式（亦可自己组织），小组长做好记录与汇报。

屏显：

喵子曰："＿＿＿＿＿＿。"这句话＿＿＿＿＿＿（这句话有什么特点）。它（反映了什么/告诉我们什么，结合生活中的经验），可见我们应该＿＿＿＿＿＿。

学生小组合作讨论，小组长记录并汇报。

预设：喵子曰："在人世上，不管什么事，只要是个采取积极行动的人，总会拥有效仿他人的权力。"这句话从猫的视角评价人世的现象，言简意赅，微有调侃味，却又一语中的。它反映了在人的社会中，积极行动者常获得一定的优势，如拥有效仿他人的权力。正如生活中一些全新的发明设计，当一个全新的发明设计出来后，积极行动者模仿之，造出相类似的发明，而那些没有积极采取行动的人将在众多相类似的发明中灵感枯竭。可见在生活中，我们常应当做一个积极行动者，当然我们不应当做一个常模仿他人的积极行动者，而是应该有创新意识的积极行动者！

三、再见，机智的猫

师：这只猫果真像刘振瀛所说的，是一只"灵猫"，它给予了我们许多充满智慧的人生哲学。现在再看这只猫，是不是开始觉得它倒像是我们的人生导师了呢？但是这样一只猫却是因喝了点酒在水缸中淹死了。齐读最后两段。

屏显：

算啦！听之任之好了，再也不挠得咯吱吱响，去它的吧！于是，不论前脚、后脚还是头、尾，全都随其自然，不再抵抗了。

逐渐地变得舒服。说不清这是痛苦，还是欢快，也弄不清是在水中，还是在客室。爱在哪里就在哪里，都无妨了。只觉得舒服。不，就连是否舒服也失去了知觉。日月陨落、天地粉齑！咱家进入了不可思议的太平世界。咱家死了，死后才得到太平，太平是非死得不到的。南无阿弥陀佛！南无阿弥陀佛！谢天谢地！谢天谢地！

学生齐读。

师：它的死居然让人想起一个伟大的诗人，他就是李白。民间有一种说法是李白喝醉后，看到水中月亮，便要拥抱之，世人谓之"抱月而死"。这只机智的猫好像亦有李白的浪漫。死者，皆有墓志铭。你觉得这只猫的墓碑上应该刻上怎样的墓志铭呢？请你参考下面几位名人的墓志铭，为这只猫写一则墓志铭，并说明理由。

屏显：

恕我不起来了！　　　　　　　　　　　　——海明威的墓志铭

拉下帷幕吧，喜剧已经结束了。　　　　　——拉伯雷的墓志铭

我早就知道无论我活多久，这种事情还是一定会发生。　——萧伯纳的墓志铭

_____。　　——喵子的墓志铭

学生思考交流。

预设:"人世的种种把我看饱了,我且先睡一睡。"喵子的墓志铭。这只犀利的猫,它看够了这个世界的纷纷扰扰,对人性也有了犀利的洞察。

四、总结

《我是猫》中的这只猫,是一只善思索、有见识、喜议论、好调侃并且富于正义感的猫。它有着犀利的目光,对人类社会进行了细致无情的解剖,剖析了人性的一些规律。当然,这只猫的背后,真正犀利的是作者夏目漱石。阅读他的书,在他的文字里,我们可以更细致地认识自己,自省自新。

契诃夫短篇小说

——【俄】契诃夫

一、作品介绍

【内容简介】

高尔基曾经说过:"这是一个独特的巨大天才,是那些在文学史上和在社会情绪中构成时代的作家中的一个。"契诃夫的短篇小说具有浓郁深厚的感人魅力。茅盾说:"契诃夫痛切地讽刺了知识分子的利己主义、软弱动摇、孤高自赏等等劣根性,所有这一切,即使在今天,也有他的实际的教育意义。"

契诃夫作品的显著特色是他能够从最平常的现象中揭示生活本质,实现以小见大。契诃夫擅长于从人物的言行举止中看出其内心的活动和变化,且能巧妙又恰到好处地流露他对各色人物的不同情感。契诃夫还是一个幽默的作家,阅读他的作品,你总会被他笔下的各种画面逗笑,但在阅读完作品后你又会陷入深思,因为他的幽默总伴着对社会现象的讽刺。

【作者简介】

契诃夫,俄国小说家、戏剧家。他早年学医并行医,在行医过程中广泛接触平民和了解生活,这为他文学创作奠定了基础,他的创作分为三个阶段。

契诃夫伊始创作时常以安东沙·契洪特等笔名发表作品。那时,他迫于生计,又缺乏经验,只求速成和多产,最具代表性的优秀作品有《一个文官的死》《变色龙》《万卡》《苦恼》《渴睡》。

他创作的第二个阶段以《第六病室》最为著名。当时一系列作品的诞生都与其前往沙皇政府安置苦役犯和流刑犯的库页岛游历有着密切的关系。

契诃夫创作的鼎盛时期是 19 世纪 90 年代和 20 世纪初期。当时俄国进入无产阶级革命的新阶段,契诃夫对社会生活的认识更为深刻。随着思想上的进步,他的创作进入了一个新的阶段。《套中人》《醋栗》《姚内奇》等一系列作品都接触到重大的社会问题。

二、实施要求

（一）激发兴趣，师生共读

兴趣是最好的老师，所以教学要充分考虑到学生个体的兴趣爱好，激发学生的阅读兴趣。指导时可打破传统只重书本阅读的方法，寻找相关纪录片、影视作品观看，如《樱桃园》《万尼亚舅舅》《回忆契诃夫》，以此加深学生对作者、作品的了解。可就重点片段的表演，深入对人物形象的理解。教师还可通过评选阅读之星的方式，来评价学生的阅读成果，激发学生阅读兴趣，深化阅读活动，在活动中深入理解名著，从而产生阅读成就感，达到以"法"引"读"、以"评"促"读"、以"读"促"思"的目的。

确定切实阅读计划，实现师生共读是名著教学的必要前提。师生共读《契诃夫短篇小说》，教师参与学生的阅读活动，尊重学生的选择，与学生一起制定合理的阅读计划。在阅读过程中更注重学生的主体意识，让更多的学生参与到阅读中。

（二）方法指引，读思结合

在阅读计划和阅读方法的引导下阅读整本书，并学会一类书的阅读。阅读《契诃夫短篇小说》时，整体上以泛读为主，先知晓整个故事基本的情节，再引导学生围绕小说三要素或围绕老师布置的阅读任务展开精读。切记人物始终是小说精读的重中之重，做到精读和圈点批注阅读的结合。

（三）整体把握，选点突破

在教学过程中，我们首先要整体把握几篇重点精读小说的三要素，即人物、情节、环境。其次着重分析人物形象，借助情节、环境加深对人物的理解。契诃夫小说都创造于特定的环境背景下，分析人物需结合小说创作背景，实现对小说主题的深度探讨。契诃夫小说创作有着其独有的特点，如内容上坚持写实，从生活实际出发去描写和再现生活的本来面目；人物塑造上，笔法简练且善用对话及标点；艺术手法上，善用讽刺艺术，在文章的情节、人物塑造、语言等多个方面都可体现。我们要通过几篇文章的对比阅读，寻找、归纳出契诃夫小说的特点。

（四）以生为主，步步引导

在教学过程中，我们要将课堂交于学生。比如在教学设计中补充了"圆形人物"和"扁形人物"的知识点，在此环节我们要充分调动学生积极性，说出自己对小说人物的分类依据，调动学生思考，当出现争论点的时候可开展小组讨论的形式，结合集体智慧得出结论。小说人物分析时，除了形象、主题探讨，我们还可以引导学生学习运用人物塑造的方法。

三、导读攻略

【阅读安排】

在阅读导读课之后完成以下阅读任务。

时间	阅读篇章	完成任务
第1天	《一个文官的死》《嫁妆》	1. 阅读小说并梳理小说三要素。 2. 选择小说中最令你印象深刻的人物，寻找人物描写内容，分析人物形象。 3. 尝试抓住作者塑造的人物形象，探究小说主题
第2天	《胖子和瘦子》《苦恼》	
第3天	《万卡》《第六病室》	
第4天	《跳来跳去的女人》《渴睡》	
第5天	《挂在脖子上的安娜》	
第6天	《套中人》《醋栗》	
第7天	《约内奇》	

【阅读指导】

第一阶段：

任务：精读《变色龙》，知小说三要素，知阅读小说的方法。

通过上课问答，步步引导，总结方法。

第二阶段：

任务：按照阅读安排进行阅读，在书中做好批注并完成以下表格。（要求：根据阅读任务要求，一天一篇小说阅读并仿照示例完成以下表格。）

小说标题	《变色龙》	
情节概括	首饰匠赫留金被一只狗咬伤了，奥楚蔑洛夫警官在处理这件事。随着狗主人的变化，警官对狗的态度和事件的处理发生变化	
环境	地点为广场，但当时社会环境为俄国崇拜官爵、沙皇专制的社会	
主要人物（身份）	小警官奥楚蔑洛夫	
描写方法	以对话描写为主，少部分动作和外貌描写	
主要人物性格（判断是圆形人物还是扁形人物）	无论在什么时候都保持着见风使舵、阿谀奉承的特性，所以属于扁形人物	

续表

小说标题	《变色龙》
透过人物反映主题	讽刺、揭露的不仅仅是一个普通的孤立的警察，是那个崇拜官爵的俄国社会，是那个穷凶极恶的沙皇专制主义

课上小组内分享交流，共同探讨契诃夫短篇小说创作的艺术特色。

方法：精读为主并利用联读的方法，寻找、比较、归纳、发现不同单篇文本中类似的一组人物的相同点和区别点，剖析产生同一类型人物的社会根源，明晰作者对类型人物的情感态度。

第三阶段：

任务：围绕"含泪的笑"这一主题，深入探究契诃夫小说中的讽刺艺术并进行模仿写作。

方法：精读为主并利用联读的方法，探究讽刺手法。

看，"变色龙"！

——《契诃夫短篇小说》导读课

【导读目标】

1. 了解契诃夫以及《契诃夫短篇小说》基本信息。
2. 回顾代表作《变色龙》，总结阅读方法。
3. 激发学生阅读兴趣并能用归纳出的阅读方法进行课外阅读。

【导读过程】

一、导入

哪位同学知道"世界三大短篇小说家"是哪三位？

明确：俄罗斯契诃夫、法国莫泊桑、美国欧·亨利。短篇小说大师凯瑟琳·曼斯菲尔德说道："我愿将莫泊桑的全部作品换取契诃夫的一个短篇小说。"契诃夫到底有何魅力让其说出这样的话呢？今天我们就走进契诃夫的创作世界。

二、初识契诃夫

1. 出示照片及他人对契诃夫的评价。PPT出示照片，让学生谈第一印象。

PPT 出示：

他个子略高于中等身材，眉清目秀，还没有失去英俊少年的容姿。他的面孔上有某种很独特的神情，我一时无法形容。

——俄国作家柯罗连科

师：在大家的眼中契诃夫就是大胡子，可见在柯罗连科的描述下契诃夫是多么的英俊迷人。俗话说"相由心生"，我们同学未觉其英俊是因为我们还不了解他。我们通过名家对他的评价来初步了解一下契诃夫吧。

2. 通过名家对其评价，了解其文学成就

PPT 出示：

契诃夫的死对我们来说是一个巨大损失，除了无与伦比的艺术家外，他还使我们失去了一个美好、真诚和正派的人。

——列夫·托尔斯泰

契诃夫是个批判现实主义作家，他善于从日常生活中间暴露资本主义社会的矛盾，并进而挖出这个制度在普通人的意识领域内扎下的毒根；契诃夫痛切地讽刺了知识分子的利己主义、软弱动摇、孤高自赏等等劣根性，所有这一切，即使在今天，也还有它的实际的教育意义。

——茅盾

师：由以上评价，你可知什么呢？

学生畅谈。

小结：契诃夫不仅外貌英俊，更重要的是他有一颗悲天悯人之心。他客观地创造出一个个生动的人物，即使对于那些"反派"人物，也不采取敌视态度或怀有恶意。我们通过他的代表作《变色龙》走进他的创作世界。

三、阅读《变色龙》

1. 整体感知文章，明确小说三要素

引导学生回顾小说三要素，并结合文章详细说出《变色龙》的小说三要素。

明确：小说三要素分别是人物、环境、情节。《变色龙》中人物有警官奥楚蔑洛夫、首饰匠赫留金、群众；环境：地点为广场，但当时社会环境为俄国崇拜官爵、沙皇专制的社会；情节：首饰匠赫留金被一只狗咬伤了，奥楚蔑洛夫警官在处理这件事。一开始，警官答应要处死这只狗，严惩狗的主人。但当人群中有人说这是将军家的狗时，警官立刻换了脸色，指责赫留金故意伤狗在先。后来又有人说那不是将军家的狗，警官马上又变了嘴脸，又说要严惩这只狗和它的主人。这只狗的主人到底是谁，人们观点不一,警官的脸色也随之像变色龙似的变来换去。

小结:所以在阅读完一篇小说后,我们要知道小说三要素。在同学们的叙述中我们得知主人公奥楚蔑洛夫就像变色龙一样,发生了多次的变化。

2. 精读课文,深入探究人物形象

师:奥楚蔑洛夫是个怎样的人(性格)?请结合文中具体的语句说说。

提示:分析人物形象可结合人物的动作描写、神态描写、语言描写、外貌描写、心理描写。甚至环境描写也能帮助我们走进人物内心,了解人物形象。如《孤独之旅》中作者所设置的无边无际芦苇荡,其变化也预示着主人公杜小康的成长。

预设:

(1)"你把这条狗带到将军家里去,问问清楚。就说这狗是我找着,派人送上的。告诉他们别再把狗放到街上来了。"明确:运用语言描写,表现了奥楚蔑洛夫趋炎附势、当面说谎、卑劣无耻的特点。

(2)警官奥楚蔑洛夫穿着新的军大衣,提着小包,穿过市场的广场。明确:运用外貌描写,句中"军大衣"是沙皇警官的标志,也是他装腔作势、用以吓人的工具,交代了奥楚蔑洛夫的身份。

(3)"我早晚要收拾你!"奥楚蔑洛夫向他恐吓说,裹紧大衣,穿过市场的广场径自走了。明确:运用动作、语言描写,写出了他力图保持自己的威风,但对于自己不光彩的表演,却又不无难堪的感受,呈现在人们面前的是一个沙皇走狗夹着尾巴狼狈而逃的形象。

(4)"他哥哥来啦?是乌拉吉米尔·伊凡尼奇吗?"奥楚蔑洛夫问,整个脸上洋溢着含笑的温情。明确:运用神态、语言描写,句中"洋溢"是充分流露的意思,形象刻画了奥楚蔑洛夫趋炎附势、阿谀奉承的丑态。

小结:在同学们的分析中,我们发现整篇文章的情节依托着人物的语言展开,我们也主要在人物的语言中感知到了人物的性格。

师:变色龙随环境变化自己的皮肤颜色,奥楚蔑洛夫随什么样的环境改变了自己的哪方面呢?变化分别是怎么样的?其变化的原因是什么?

预设:奥楚蔑洛夫随着众人对"狗"的辨别即狗的身份变化,改变了自己对狗的态度及整件事的处理方法。发生了五次变化。

小结:是的,可以很明确地从其对狗的称呼可以看到。

师:在文学创作上有"圆形人物"和"扁形人物"的说法。

PPT出示:

圆形人物：圆形人物的性格比较丰满、复杂、立体感强。是在不断变化的环境和复杂的矛盾关系中显现出来的，因而人物性格稳定而不凝固，给人一种流动感。

扁形人物：扁形人物的性格比较单一、突出、鲜明。虽置身于各种环境，面对各种关系，却只和对方发生一种矛盾联系，其性格始终如一，稳定性极强。

请学生畅谈所学小说中，自己所知的圆形人物和扁形人物。在引导中明确奥楚蔑洛夫是典型的扁形人物。

小结：奥楚蔑洛夫在短短的几分钟内，经历了五次变化。在这样的变化过程中我们深刻认识到见风使舵、阿谀奉承是奥楚蔑洛夫的不变基本特征。

3. 透过人物，探究小说主题

师：那么塑造这样的一个人物形象，作者的意图是什么呢？

PPT 出示小说定义：

小说，是以刻画人物形象为中心，通过完整的故事情节和环境描写来反映社会生活的文学体裁。

师：作者想反映出怎样的社会生活呢？

PPT 出示当时社会背景：

1880 年成立的治安最高委员会头目洛雷斯·麦里可夫后来当上了内务大臣，这是一个典型的两面派，人民称他为"狼嘴狐尾"。这时的警察再不是果戈理时代随意用拳头揍人的警棍了，而是打着遵守法令的官腔，干着献媚邀功的勾当。在 1884 年，契诃夫创造出《变色龙》。

学生畅谈。

明确：契诃夫刻画的警官奥楚蔑洛夫正是沙皇专制警察统治的化身。因此，这篇作品讽刺、揭露的不仅仅是一个普通的孤立的警察，是那个崇拜官爵的俄国社会，是那个穷凶极恶的沙皇专制主义。

小结：原来我们透过读懂奥楚蔑洛夫这个人物，结合创作背景，能够探寻到契诃夫的创作意图，领会《变色龙》的内涵，这种方法就是创作溯源。

四、小说阅读方法总结

师：今天我们先用整体感知方法，梳理出《变色龙》小说三要素；再紧抓主人公奥楚蔑洛夫通过精读人物描写以语言描写为主，读出其见风使舵、阿谀奉承；最后，透过奥楚蔑洛夫形象结合作者创作背景，探寻到契诃夫的创作意图，领会到"变色龙"的含义。契诃夫还有许多文章值得一读，希望之后的阅读过程中，大家掌握以上几种阅读方法并加以运用。

五、作业布置

1. 《变色龙》中还有一个人物常被我们忽视，那就是只闻其名不见其人的将军，请课后再读文章，运用所学方法探讨将军这个人物具有什么特点？结合创作背景思考，此人物反映出了怎样的社会现象？

2. 一天阅读一篇契诃夫短篇小说，包括《胖子与瘦子》《一个文官的死》《万卡》《苦恼》《醋栗》《套中人》等，并参照示例每天完成以下表格。

小说标题	《变色龙》	
情节概括	首饰匠赫留金被一只狗咬伤了，奥楚蔑洛夫警官在处理这件事。随着狗主人的变化，警官对狗的态度和事件的处理发生变化	
环境	地点为广场，但当时社会环境为俄国崇拜官爵、沙皇专制的社会	
主要人物（身份）	小警官奥楚蔑洛夫	
描写方法	以对话描写为主，少部分动作和外貌描写	
主要人物性格（判断是圆形人物还是扁形人物）	无论在什么时候都保持着见风使舵、阿谀奉承的特性，所以属于扁形人物	
透过人物反映主题	讽刺、揭露的不仅仅是一个普通的孤立的警察，是那个崇拜官爵的俄国社会，是那个穷凶极恶的沙皇专制主义	

六、板书设计

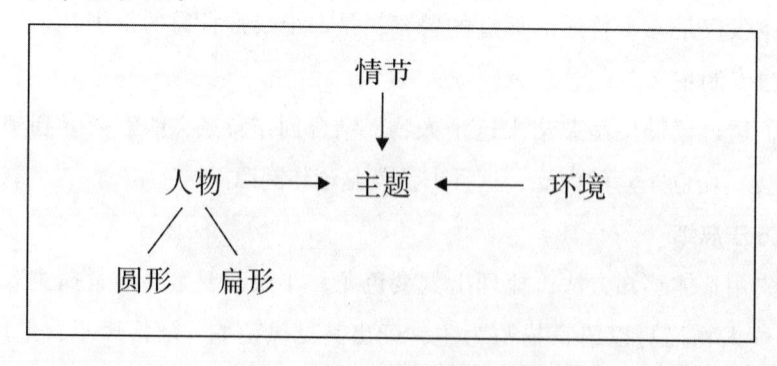

```
              情节
               ↓
   人物  →    主题   ←   环境
   /  \
 圆形  扁形
```

凡人小事揭本质

——《契诃夫短篇小说》交流课

【交流目标】

通过梳理归纳契诃夫小说主要人物，共同交流契诃夫的短篇小说艺术特色，包括作品选材、创作主题、艺术结构等方面。

【交流重点】通过日常生活和平凡人物揭示社会重大问题的创作特色。

【交流过程】

一、导入

师：今天这节课，我们从人物入手，探讨契诃夫的创作特色。

二、通过表格，探讨契诃夫创作特色

1. 小组合作交流，自己通过阅读所找到的主要人物。

六分钟的时间，让学生在小组内分享自己的阅读成果，互相进行查漏补缺，讨论出小组内最完整的一份阅读单。小组内讨论好后，班级展示交流分享。

2. 关注契诃夫笔下人物的身份及情节，总结其特点。

预设：所写的都是平凡人物和日常之事，如《套中人》写的一个胆小怕事的教员别里科夫的日常生活和他打算结婚的喜剧故事；《变色龙》写一个小警官奥楚蔑洛夫处理"狗咬人"事件；《万卡》写穷苦儿童万卡在圣诞节前夜给爷爷写信的故事。

小结：同学们说得很好，都是凡人小事。我们再进一步将人物进行分类，发现人物可以分为以下几类。

明确：（1）奴性十足的官员，如《胖子与瘦子》中的八品文官瘦子；《一个文官的死》中的小公务员伊凡；《变色龙》中的小警官奥楚蔑洛夫。（2）饱受艰难遭遇的底层人民，如《万卡》中的穷苦儿童万卡；《苦恼》中死了儿子却无人倾诉苦恼的车夫姚纳；《渴睡》中掐死了摇篮中娃娃的小保姆瓦丽卡。（3）各类小市民，如《嫁妆》中不幸的中年妇女；《约内奇》中的最后堕落的有为青年医生约内奇；《醋栗》中为追求幸福生活丢失优秀品质的尼古拉·伊万内奇；《套中人》中胆小怕事、恐惧变革的"守法良民"别里科夫。

师：为什么所写的都是这些凡人小事呢？我们来看一下契诃夫的生平介绍。

PPT出示契诃夫生平：

契诃夫出生于罗斯托夫省塔甘罗格市。他的祖先是农奴。1841年，他祖父为本人及家属赎取了人身自由。他父亲起初是一名伙计，后来自己开了一家杂货铺。严厉的父亲常常命令儿子站柜台、做买卖，所以契诃夫在回忆自己的童年时说他小时候"没有童年"。1876年，父亲因不善经营而破产，只身去莫斯科当伙计，不久家人们也随着他相继迁居莫斯科，只留下契诃夫一人在故乡继续求学，度过了相当艰辛的三年。1879年，契诃夫进入莫斯科大学医学院学习。1884年，他大学毕业后在伏斯克列辛斯克和兹威尼哥罗德等地行医，广泛接触农民、地主、官吏、教员等各式人物，这对他后来的文学创作无疑有良好影响。

小结：艺术来源于生活，创作人物与作者个人经历有着密不可分的联系。

1. 探究人物塑造上的特点

师：这么多人物中，哪一个人物让你印象深刻？能否在文中找到有关他的描写？说说理由。

预设：

（1）《套中人》中的别里科夫，总是把自己装在套子里。文中的描写片段是："即使在最晴朗的日子，也穿上雨鞋，带着雨伞，而且一定穿着暖和的棉大衣。他总是把雨伞装在套子里，把表放在一个灰色的鹿皮套子里；就连那削铅笔的小刀也是装在一个小套子里的。他的脸也好像蒙着套子，因为他老是把它藏在竖起的衣领里。他戴黑眼镜，穿羊毛衫，用棉花堵住耳朵眼。他一坐上马车，总要叫马车夫支起车篷。"

（2）《胖子与瘦子》中的瘦子，他说的话充分体现了他阿谀奉承的特点就像奥楚蔑洛夫一样。并且话语十分的简单明了。如称呼变化，从"老朋友、米沙、你"转变为"大人、您"没有其他过于华丽的辞藻；瘦子笑声的变化，从"情真亲切的开怀大笑：哈哈"转变为"阿谀奉承的假笑：嘻嘻"；瘦子的语气变化，从"多使用叹号和问号：亲切、关心"转变到"多使用省略号：诚惶诚恐、战战兢兢"。

（3）《一个文官的死》切尔维亚科夫因几颗唾沫星子丢掉了自己的性命，文章通过两人间的对话体现出其内心的恐惧。并且在他的语言中多处用了省略号，足可见其内心的畏惧。

（4）《渴睡》描写瓦丽卡杀死婴儿的语句："瓦丽卡笑着，挤了挤眼睛，向那块绿斑摇一摇手指头，悄悄走到摇篮那儿，弯下腰去，凑近那个娃娃。她掐死他以后，就赶快往地板上一躺，高兴得笑起来，因为她能睡了；不出一分钟她已经酣睡得跟死人一样了……"

引导学生在所找的例子中，发现契诃夫在人物塑造上的特点。

明确：

（1）人物塑造上坚持写实，并且没有复杂、过多的形容词（冗词赘语）来描写。但是又总能抓住人物的最具代表性的细节进行描绘，达到一针见血的效果。就像画漫画一样，用几根基本线条就把人物的神态性格乃至社会地位鲜明地勾勒出来。（板书：人物塑造：速写式笔法）

（2）语言上简练、深刻、朴素、完整，并符合人物自身的身份，能表现出人物自身的身份，表现出个性。如《套中人》没有一句多余的话，没有一句浮华的修饰。别里科夫那句"千万不要闹出什么乱子"的口头禅，看似平淡实际上表现了其胆小怕事的一面，又深刻反映了他拥护秩序、保守落后、崇拜统治阶级的性格面貌及特征。（板书："语言：精炼深刻"）

（3）巧用标点符号。最能体现的就是《胖子和瘦子》《一个文官的死》对话中出现的省略号，十足体现他们面对统治阶级的懦弱、畏惧、战战兢兢。（板书：巧用标点）

小结：综上可见其作品在人物塑造、语言运用上的精炼。

PPT 出示：

契诃夫本人说，"我善于长事短叙"。他认为，"越是严密，越是紧凑，就越富有表现力，就越鲜明"。为了使作品严密和紧凑，他主张"用刀子把一切多余的东西都剔掉"。他说："要知道，在大理石上刻出人脸来，无非是把这块石头上不是人脸的地方都剔除罢了。"

师：所以契诃夫是一定要等到他所需要表现的思想和形象，在他已经变得完全清楚的时候，他才动笔写。这个特点还体现在结构组合、情节安排上。

学生畅谈举例子。

明确：其作品常给人出乎意料之感，但故事设定不会过于复杂，如《变色龙》就写一件事、一个场面、四个人物，作者紧紧抓住典型事件（巡官奥楚蔑洛夫对待一条咬人的狗的态度变化），演绎了一场啼笑皆非的闹剧。情节简单，脉络清晰，人物稀少，但通过巧妙布局，明确地表达出作品的主题思想。

三、探求凡人小事后的重大社会问题

师：虽然笔法简练、人物平凡、事情琐屑，这简单的背后却一点也不简单。曾有人说到契诃夫创作的本质特色："描绘最平凡事情的现实主义，这种现实主义能够从最平常的现象中揭示出生活的本质。"谈谈你的理解。

学生畅谈。

PPT 出示：高尔基说过，契诃夫用他"短小的小说做着重大的事情，在人们的心里唤起了对这种混混沌沌半死不活的生活——见它的鬼！——的憎恶"。

师：契诃夫短篇小说的这种现实主义特点是很突出的。他的一篇篇作品，如同一把把锋利的刀剑，直刺向那沙皇社会的满身疮疤！

四、再次深入了解契诃夫

师：不仅其作品在揭露社会底端渴望唤醒民众，在生活中他还积极投身于公益事业。

PPT出示：热心于公益事业的契诃夫毕生实践了他的一个崇高信念："为公共福利尽力的愿望应当不可或缺地成为心灵的需要和个人幸福的条件。"

师：所以此时我们也不难理解，当这位年仅四十四岁的杰出作家被病魔夺取生命的时候为何列夫托尔斯泰如此悲痛，因为我们还失去了一个美好、真诚和正派的人。

总结：今天我们通过多篇短篇小说的交流探讨，得知了契诃夫的艺术特色，并联系其生平感受到他的人格魅力。这样一个无与伦比的作家留下的作品对于我们来说无疑是宝藏，在现在仍有着他的价值，所以让我们细细品味。

五、作业布置

在阅读契诃夫短篇小说的时候，想必你常有这样的感受：在阅读过程中，在不经意间被逗笑，在笑后、在看完文章后总陷入对生活的沉思与哀伤中。这也是其作品的一大特色——"含泪的微笑"。请你结合作品谈谈你对"含泪的微笑"的看法，不少于600字。

六、板书设计

人物塑造：速写式笔法　　语言：精炼深刻、巧用标点

凡人小事——揭示社会弊病

含泪的笑

——《契诃夫短篇小说》研读课

【研读目标】

1. 通过多篇小说中的重点片段分析，感知契诃夫的讽刺艺术特点。
2. 探究契诃夫对人物的情感。

【研读重点】契诃夫的讽刺艺术特点。

【研读过程】

一、导入

师：在阅读小说的时候，我时常发现许多同学在笑，在读完文章后又长叹一声。请问大家为什么会笑？说说理由。

预设：文章有意思。引导学生找出实例。（实例随文可见并不列举。）

师：对啊，所以列夫·托尔斯泰称契诃夫是第一流的幽默作家。他的幽默在文中随处可见。能如此幽默的最根本原因是他的作品属于讽刺文学。

PPT出示讽刺文学的定义：

讽刺文学，指用夸张手法和嘲讽态度创作的文学作品，这类作品中的人物及事件，往往是作者否定、批评的对象，对丑恶的人与事，否定主要通过揭露对象的可恶、可鄙、可笑来体现，而对值得同情的人物身上的缺点，其讽刺往往包含善意的批评。

师：这能让你想到哪些作家？

学生畅谈，定会提及鲁迅。

师：对的，鲁迅先生就是我国最善于写讽刺作品的作家。其实他与契诃夫在写作上也有着不少共同之处。接下来我们详细地看看契诃夫的讽刺艺术。

二、精读文章片段，探讨讽刺艺术

（按小组分配阅读任务，分别阅读《胖子与瘦子》《一个文官的死》《套中人》《变色龙》《苦恼》。请探讨文中体现的讽刺艺术，并详细分析运用了什么方法体现讽刺。）

PPT示例：

胖子刚刚在火车站餐厅里用过午餐，他的嘴唇油亮亮的，像熟透了的樱桃。他冒出烈性白葡萄酒和橙汁的气味。瘦子刚从车厢里下来，吃力地提着箱子、包裹和硬纸盒。他身上有一股火腿肠和咖啡渣的气味。

——《胖子和瘦子》

分析：用轻松诙谐的语调对人物进行漫画式特写，以胖子"熟透的樱桃"般的嘴唇表现其生活的富足，与冒出"咖啡渣"气味的瘦子形成对比，暗示两人不同的社会地位。

明确：

1. 讽刺常与夸张和变形联系在一起。

2. 契诃夫的讽刺常体现在白描写实的手法。如他自己曾说过："文学所以叫做艺术，就是因为它按生活本来面目描写生活。它的人物是无条件的、直率的真实。"虽在其作品中有夸张，但极少。更多讽刺是借助漫画式的描写。如《变色龙》中奥楚蔑洛夫频繁穿脱大衣的这一举动；《醋栗》中，底伊凡内奇对酸涩醋栗的啧啧称赞，十分形象地展示内心的空虚和卑微。

3. 还有人物的自嘲（如《第六病室》中拉京医生的自我解嘲），或是运用巧妙的细节（如《在峡谷里》的区长和书记脸上特有的光彩），或是造成陪衬和对比（如《跳来跳去的女人》中的女主角和她的丈夫）。

三、整体感知情节，探讨讽刺风格

师：以上是我们在文中的具体语句中感知到了讽刺，其实在整个故事情节的构建中也深刻体现了讽刺艺术。

学生畅谈。

明确：情节上的幽默可笑，如，《一个文官的死》塑造了一个小文官因一个喷嚏至死的荒唐故事；《苦恼》中马夫姚纳四次找人倾诉失败，只能向老马倾诉自己的不幸与悲哀，文中将四类人与一匹马形成对比；《套中人》更是塑造了一个永远套着袋子的人的形象。

师：这样的创作使得契诃夫形成了自己独树一帜的创作风格，让读者在阅读中不禁一笑。在讽刺里，"笑"往往具有否定意味。由于讽刺对象的不同，讽刺者立场和态度的不同，其否定性质和程度也有所不同。你能否深入分析契诃夫作品中不同"笑"的深意。

PPT示例：

我在《胖子和瘦子》这篇文章中发现笑声中有轻微的蔑视，蔑视瘦子阿谀奉承的行为。

明确：《普利希别耶夫军士》《在法庭上》和《变色龙》等短篇小说则表明，契诃夫借"笑"辛辣地嘲讽了欺压黎民百姓的恶势力。

《牡蛎》《哀伤》《苦恼》和《万卡》等作品使读者感受了一种友善的笑，它使读者产生对人物的爱怜和同情。

小结：在契诃夫的作品里，"笑"都是发人深省的手段，一种善意的幽默。笑让他能从讽刺过渡到现实，引发我们对现实的思考。只有真正深入到社会、看透社会本质的人，才能用讽刺的笔调，冷静地描绘出各类平凡人物的日常。讽刺的背后，是契诃夫对底层人民的同情，他渴望社会能够变得更好。

PPT展示：

天赋的幽默感只有在它同生活碰撞并展示其本质时才能够产生具有审美价值的笑。考查契诃夫的笑，我们发现，随着契诃夫思想和创作的不断成熟，他的笑的艺术也不断发展和完美起来，而他的作品则给我们研究作为美学范畴之一的笑提供丰富生动的实例。

——朱逸森《契诃夫——人品·创作·艺术》

四、学习语言上的讽刺艺术

师：契诃夫的笑在不同时期也有着不同的深意，我们要写出这样的"笑"必然不易，但是我们可以学习其最基本的人物塑造上的细节上的讽刺。选择一处你喜欢的讽刺片段，进行仿写。

五、布置作业

完成仿写作业。

六、板书

含泪的笑
借助夸张、变形、基于真实的漫画式描写
情节人物塑造上的讽刺